時兆文化 懷氏著作精選集
Abridged Version of Ellen G. White's Writings

THE DESIRE OF AGES

永恆的盼望

懷愛倫 著

THE DESIRE
OF AGES

出版序

懷愛倫師母（Ellen G. White, 1827-1915）生長於19世紀中葉的美國，她對於上帝的忠心以及上帝藉著她帶給這世界的亮光，在這一百多年來，讓千千萬萬人受惠。她也藉著可以超越時空的文字事工，嘉惠多人。

懷氏原著多為厚達數百頁，為了顧及初信者和慕道友在真理上的需求，也因現代人生活忙碌，喜歡閱讀短小精簡的文字，因此，基督復臨安息日會華安聯合會特別委託時兆出版社，製作「懷氏著作精選集」系列叢書。將原書濃縮調整成百餘頁，讓忙碌的現代人可隨時利用片刻時間閱讀。

本系列全套十冊，包括有：《先祖與先知》、《先知與君王》、《歷代願望》、《使徒行述》、《善惡之爭》、《天路》、《教育論》、《復臨信徒的家庭》、《健康之源》、《論飲食》。

我們特別委請李斌祥牧師和李秀華老師將原書精簡，每本書的章數不變，但字數大幅縮減。為保有文章的完整性，再加以修飾，務必力求不單忠於原文，且使文字簡潔順暢易於閱讀。

為了和「完整版」有所區別，也為了能行銷至大眾通路，因此在幾經商談討論之後，決定使用新書名並重新設計繪製封面，務求其耳目一新，可以銷售到各基督教書房及一般書店，讓更多人領略懷師母著作中的智慧，甚至是吸引讀者去閱讀「完整版」，進而接受來自上帝豐盛的恩典與慈愛。

耶穌基督升天時，留給我們的大使命：「所以你們要去，使萬民作我的門徒」（太28：19）這是時兆出版社極大的負擔。願上帝使用這套叢書，使祂的名被高舉得榮耀！

時兆出版社謹誌

前言

自上帝創造天地萬物以來，祂渴望與人建立親密的關係。我們是依照祂的形像被造的，因此上帝對一切人、事和物皆有憐愛之心。始祖亞當和夏娃為了好奇和食慾，踏上敗亡之路。儘管人背叛神，祂仍希望以救贖的計畫，將人類帶回永生之道。於是賜下祂的獨生愛子——耶穌，成為萬人得救的指望。藉著耶穌基督在馬槽的誕生、人間的生活、十字架上的犧牲和得勝的復活，使我們對明天擁有新希望。

《永恆的盼望》這本書，敘述的是上帝如何主動地來尋找失喪的罪人。祂願意付上一切代價，換回你我的生命。即使必須放棄天家的榮耀和神性的威權，承受人類的罪孽疾苦，祂也在所不惜。當時猶太人不願承認這位拿撒勒人為他們的彌賽亞，拒絕救恩的呼召。主耶穌還是走進世間，伸出慈愛的手與人接觸。從書中所記載的每一個故事，都可看到上帝是多麼渴望拯救世人。歷代以來，人們在黑暗中摸索、掙扎、迷失。耶穌來到世上，將光明帶到人間，使人走出失望和絕望，重得盼望。

願每一位閱讀此書的讀者，都能體驗到上帝無盡的愛，並接受主對你的呼召，讓祂牽著你的手，邁向充滿喜樂和平安的永恆國度。

目錄 ▶▶

第1卷 耶穌降世的應許

第2卷 耶穌的童年時期

第3卷 耶穌為受膏者

第4卷 耶穌傳道的順利時期

目錄 ▶▶

第7卷 臨終的一週

第8卷 釘十字架

第9卷 往天父的寶座去

THE DESIRE
OF AGES

第1卷 耶穌降世的應許

01「上帝與我們同在」

人要稱他的名為以馬內利。……就是「上帝與我們同在」。

太1：23

亙古以來，主耶穌與父原為一。祂降世乃要向罪惡的世界顯明上帝慈愛的光輝，藉著祂，上帝與我們同在。耶穌本是上帝的「像」，亦是上帝的「道」，祂要彰顯上帝的榮耀和救贖之愛的奧祕。

太初之時，祂使大地美麗，空中洋溢歌聲，在天地之間充滿了天父慈愛的佳音。雖然罪破壞了上帝完美的工作，但萬物仍述説上帝的榮耀。天空的飛鳥、地上的走獸、花草與樹木、山川及河流、日月與星辰，皆彰顯上帝的大能和慈愛。

在天庭的眾天使亦參與此項事奉的大工。他們以仁愛與不倦的照顧服務人群，引領失喪的人與神和好。耶穌曾説：「我沒有一件事，是憑著自己做的。」[註1]「永活的父怎樣差我來，我又因父活著」[註2]照樣，吃我肉的人也要因我活著。祂承受了萬有，為一切受造之物服務。藉著耶穌，父的生命得以流向萬物；藉著耶穌，萬物得以讚美和事奉上帝。藉著基督，這恩澤的循環得以完成，表現了創造天地生命的律。

自私乃罪惡之起源。路錫甫意圖超越上帝，蠱惑天上眾生離棄創造主。因此他誣陷上帝，欺騙天使，引誘他們懷疑上帝的良善與公義，進而背叛上帝，罪惡因此籠罩在宇宙間。上帝和基督從起初便預知撒但會背叛，也預見人類墮落犯罪的情形，因而預先訂立了賜下愛子拯救世人的大計，「叫一切信他的，不至滅亡，反得永生。」[註3]

基督捨己救人與撒但的狂妄謀私成一大對比。耶穌自願捨棄天上的寶座，取了人的樣式，捨身十架為你我犧牲。祂將上帝的榮耀帶給世人，使我們有重獲永生的希望。祂雖無佳容美貌，卻是天上地下的榮光。藉著愛子耶穌，我們得與上帝和好。從前上帝曉諭摩西建造聖所，使上帝可以住在以色列人中間。即使他們在曠野漂泊，上帝也藉著雲柱和火柱日夜引領他們，始終沒有離開他們。同樣地，耶穌「道成了肉身，住在我們中間」，使我們認識上帝的慈愛與品格。耶穌在世上生活，親身經歷一切人間疾苦、憂傷、軟弱和試探。然而祂戰勝一切，為我們立下了順服上帝的榜樣，並且證實遵守上帝律法是可行的。

耶穌以人性接觸人類，又以神性與上帝相通。祂以人子的身分為我們立下順從的榜樣，又以上帝兒子的身分賜予我們順從的力量。這就是以色列人蒙拯救的保證。這位降生在伯利恆的嬰孩，成為柔和謙卑的救主，成就了「上帝與我們同在」的美意。祂「既有人的樣子，就自己卑微，存心順服，以至於死，且死在十字架上。」[註4]耶穌承受死亡，使我們得以接受從祂而來的生命。「他為我們的過犯受害，為我們的罪孽壓傷。因他受的刑罰，我們得平安；因他受的鞭傷，我們得醫治。」[註5]

撒但企圖以罪讓人與上帝隔絕，但在基督裡，人得與上帝重

新結合。「上帝愛世人，甚至將他的獨生子賜給他們。」[註6]藉著耶穌，人與上帝合而為一；天國得以建立在人的心中，人也被「無窮慈愛者」抱在懷裡。得贖之民將成為一種見證，永遠證明上帝的慈愛和憐憫。基督所成就的救贖，終止了撒但的誣告，並顯示了上帝的公義。罪惡不得再進入宇宙，人類得與創造主永不分離。

救贖大工必要完成，罪在那裡顯多，上帝的恩典亦在那裡更加添。地球不但要被贖回，更要因此得尊榮，超乎宇宙中其他的星球。因為上帝的兒子曾經住在人間，為人類受苦和受死。當祂更新萬有時，上帝的帳幕必設在人間。「他要與人同住，他們要作他的子民，上帝要親自與他們同在，作他們的上帝。」[註7]蒙恩之人必因此而讚美，向祂歡呼。

【註1】約8：28　【註2】約6：57　【註3】約3：16
【註4】腓2：8　【註5】賽53：5　【註6】約3：16
【註7】啟21：3

02 選民

我必賜福給你，……你也要叫別人得福。……地上的萬族都要因你得福。創12：2、3

猶太人等候救主降臨歷時一千多年。雖然他們每日仍以詩歌、預言、聖殿的禮節和家庭的崇拜事奉上帝，然而當救主降臨在他們中間時，卻不認識祂。正如預言所說的，「他到自己的地方來，自己的人倒不接待他。」註1令人惋惜的是以色列人徒有選民的稱號，卻沒有真正體會作選民的意義，更沒有實踐作選民的任務。

自從進入迦南地，他們屢次背棄上帝的誡命，並且隨從外邦人的習俗。儘管上帝差派了多位先知告誡他們，但在改過自新後，總是重蹈覆徹。上帝要他們學習如何順從祂的旨意，要他們明白離棄上帝的道路，只會帶來屈辱與苦難。唯有忠心遵守上帝的話語，以色列人才能在萬民中被高舉。如果他們效忠上帝，成就祂的旨意，上帝必使他們「得稱讚、美名、尊榮，超乎他所造的萬民之上。」註2但因他們的不忠，上帝的旨意只有藉著他們所受的苦難才得以成全。

當他們被擄到巴比倫為奴之初，有許多忠實的以色列民在百般逼迫中仍堅守上帝的誡命，例如：謹守安息日和遵從獻祭制度，甚至為守道而喪生，藉此將真理的種子傳播到異邦人中，引領他們接受上帝為真神。甚至有不少異國的君王們亦接受此真光。身在巴比倫時，以色列民受了數百年的苦，直到他們認知：他們的興盛乃在乎順上帝的律法。但大多數人漸以外表和形式事奉上帝，希望靠著行為和律法得救。有些人更自私地閉關自守，在自己和他人之間築起一道牆，不願將福音與他人分享，唯恐他人得救。

從巴比倫歸回耶路撒冷後，猶太人在各地興建會堂與學校，意圖復興宗教。但因被擄時，百姓受了異邦習俗的薰染，不知不覺地隨從拜偶像者的行為，將原本基督訂立預表祂的崇拜，以刻板的儀文規條，使其徒具形式，失去屬靈的意義與生命。祭司和拉比們增加了自訂的教條以儀式的多寡衡量聖潔，非但沒有彰顯上帝的大愛，反而增添了心中的驕傲、自恃和虛偽。一心想事奉上帝並遵守拉比規條的人，對此倍感心力交瘁。撒但亦趁機使這些心灰意冷的選民認為神的律法過於嚴苛，無法遵守。許多猶太人所在乎的並非得到屬靈的拯救，而是彌賽亞能否將從羅馬人手中釋放他們，重振以色列國。

基督降生時，猶太人雖有獨立政府的形式，但仍歸羅馬管轄。人們不惜以欺詐、賄賂，甚至以謀殺的手段求得職位。腐敗的祭司利用職權向人民無理勒索，加上羅馬政府的苛賦重稅，民眾常以騷動宣洩心中的不滿。被欺壓的百姓和渴望權勢的官長，期盼彌賽亞能為他們推翻羅馬政權。這些熟悉預言的以色列民，竟讓驕傲與自私模糊了他們的眼光，他們按私意來解釋預言。

【註1】賽53：2；約1：11　　【註2】申26：19

03「時候滿足」

及至時候滿足，上帝就差遣他的兒子，……要把律法以下的人贖出來，叫我們得著兒子的名分。加4：4、5

早在伊甸園中就已預言救主的降臨。亞當、夏娃亦熱切盼望，期待這應許早日實現。自以諾的日子起，族長、先知不斷重申上帝的應許，但在光陰不停地流逝中，許多人不禁呼喊說：「日子遲延，一切異象都落了空。」註1

然而上帝旨意的成全，如天上的星宿循軌道運行一般，既不過急，亦不延遲。上帝曾啟示亞伯拉罕，以色列人將在埃及為奴四百年。法老王用盡方法違抗、但指定的時候一到，「耶和華的軍隊都從埃及地出來了。」註2同樣地，當時間的大鐘指到預定的時辰，耶穌即降生於伯利恆。那時各國已歸於一個政府之下，各地的語言文字也得到統一。散居四處的猶太人此時正聚集在耶路撒冷過節，等這些人回到寄居之地時，必能將彌賽亞降臨的信息傳遍全世界。

當時人們對異教漸失興趣，他們渴望得到稱心滿意的宗教。雖然真理之光似乎遠離人間，仍有些人在尋求認識永生的上帝與未來的保證。這時候，猶太人已離棄上帝，信心盡失，前途絕望。正如耶利米先知所說的，「在拉瑪聽見號咷大哭的聲音，是

拉結哭她兒女不肯受安慰，因為他們都不在了。」[註3]那時在猶太境外，許多賦有預言恩賜的教師相繼而起，也有人預言將有一位神聖的教師出現，就為千萬外邦人的心燃起了希望。

在耶穌降生數百年前，舊約聖經已譯成羅馬帝國通行的希臘文。外邦人受了散居各地猶太人的影響，也等待著彌賽亞降臨，甚至有些異邦人比以色列的教師們更明白此預言的奧祕。然而頑固的猶太人不願與人分享真光，刻意與他人隔離，不願意將救恩的知識傳給別人。只有少數忠心的猶太人依然仰望此應許，堅信上帝的話語。雖然世上了解基督使命的人不多，但眾人皆渴望一位拯救者出現，在以色列中建立國位，成為萬民的救星。

撒但知道時候已到，人類所盼望的救贖主即將降臨。於是設法轉移人對聖殿的注意力，藉著異端使人離棄上帝。他最大的勝利乃在於混淆以色列人的信仰。異邦人因沉思及信奉他們自己的想法而不再認識上帝，並且落到越來越腐敗的地步。以色列人也是如此。人靠自己的功德來救自己，原是一切邪教的基礎；如今也成了猶太教的原理了。這種閉關自守的宗教，成了他們的絆腳石。撒但以偽造的福音欺騙世人，壟斷永生的真理，作為毀滅世界的工具。在聖殿供職的祭司，也公式化地履行奉獻祭物的儀式。撒但的爪牙亦猖狂地與人勾結，人的感官與神經均受魔鬼所操縱。異教邪術被奉為宗教的一部分，人類的墮落與叛逆達到了極點。

那些未曾墮落的諸世界，關注著上帝將如何處置這個地球。如果上帝以毀滅地上居民來除去罪惡，撒但便可證實他對上帝的控訴是正確的。他會將一切罪歸於上帝，進而將叛亂擴及諸世界。然而上帝非但沒有毀滅這世界，反而差遣祂的獨生子救贖世人，以慈愛和恩典完成救贖大工。撒但引誘人犯罪，破壞了上帝的形像；耶穌降世為人，恢復了創造主的形像。除了耶穌以外，無人能更新罪惡所損壞的品格。祂來了，將控制人意志的魔鬼驅逐出去。祂從卑微的灰塵中高舉我們，按照祂的樣式再造我們。耶穌以祂的公義覆蓋我們的不完全，上帝的榮耀因此就得以彰顯了。

【註1】結12：22　【註2】出：12：41　【註3】太2：18

THE DESIRE
OF AGES

第2卷 耶穌的童年時期

04 「為你們生了救主」

那天使對他們說：「不要懼怕！我報給你們大喜的信息，是關乎萬民的；因今天在大衛的城，為你們生了救主，就是主基督。」路2：10、11

榮耀的主紆尊降貴，取了人性悄悄地來到人間，取了平凡的外表、居住在簡陋的生活環境中。祂避免外在的炫耀，因為這世間的榮華富貴和功名偉業，全不能救人脫離死亡。凡跟從主的人，必須完全被天上的真理之美所吸引，而根據上帝的話語來接待祂。

眾天使關注著上帝的百姓將如何接待耶穌。他們暗暗地來到耶路撒冷，看到上帝的百姓對這信息漠不關心，感到不勝驚訝。猶太民族歷劫之後得以倖存，就是要見證彌賽亞的降臨。在聖殿中，每日早晚的獻祭，原是預表「上帝的羔羊」，然而他們沒有準備迎接救主降臨。祭司每日執行外在的敬拜儀式，教師們背誦毫無意義的禱告文，人的心中充滿自私和世俗的意念。雖然全天庭已為救主降生而歡喜慶祝，人間卻絲毫未察覺這偉大的喜訊。僅有少數人依舊忠心仰望彌賽亞的降臨，天使便奉差遣到他們那裡去了。

天上的使者一路護送約瑟和馬利亞，從家鄉拿撒勒前往大衛的城。上帝運用了凱撒奧古斯都詔令所有人民報名上冊，來實現祂的旨意，將耶穌的母親帶到伯利恆，印證了先知的預言：「將來必有一位從你那裡出來，在以色列中為我作掌權的；他的根源從亙古，從太初就有。」[註1]他們經過長途跋涉，在城中竟找不著棲身之處。最後在簡陋的馬槽裡，世界的救贖主降生了。天使聚集在伯利恆的山邊，等待著要向世人宣告這大喜的信息。但人們並沒有分享全天庭的喜悅，以色列民辜負了上帝的委託，未將耶穌降生的喜訊傳諸於世。

上帝說：「我要將水澆灌口渴的人，將河澆灌乾旱之地。」[註2]「光為著義人在黑暗中照耀。」[註3]上帝寶座的光芒，必照耀那些尋求並樂意接受真光的人。在更深夜靜的野地裡，牧羊人按著更次看守羊群，他們一起談論並祈盼應許之主的降臨。忽然主的使者來到他們身旁，告訴他們：「今天在大衛的城裡，為你們生了救主，……你們要看見一個嬰孩，包著布，臥在馬槽裡，那就是記號了。」[註4]這時，宇宙間充滿喜樂和榮耀，天軍在空中高聲頌唱著「在至高之處榮耀歸與上帝，在地上平安歸與他所喜悅的人。」[註5]

天使離去後，牧羊人便照著指示前往伯利恆，尋見了救主耶穌。他們滿心歡喜的離開，去把所見所聞的一切事都傳開了，並將榮耀讚美歸與上帝。現今天地的距離，並不比往日牧羊人諦聽天使歌聲時更遠。我們這些平凡的人仍是天庭所關懷的對象。上帝的使者必同樣地眷顧和親近遵從上帝旨意的人。

伯利恆的故事是一個講不完的題目，其中包含著上帝豐富的智慧、慈愛與恩典。上帝的兒子捨棄天上的寶座，降生在馬槽裡，原來伴隨祂、敬拜祂的是天使，現在卻由牛羊牲畜陪伴他。這是何等的犧牲！耶穌接受了人類經過犯罪腐化之後的性質，來到世上分擔我們的憂傷和試探，為我們留下了無罪完美的生活榜樣。天父讓愛子到撒但統轄的世間，作一個無助的嬰孩，與世人同有肉體的軟弱，經歷人生艱險，應付善惡的可怕爭鬥。這便是上帝至高無比的愛！

【註1】彌5：2　【註2】賽44：3　【註3】詩112：4（現代中文譯本）
【註4】路2：11、12　【註5】路 2：14

05 奉獻禮

凡頭生的，無論是人是牲畜，都是我的，要分別為聖歸我。

出13：2

基督降生約四十天之後，約瑟和馬利亞帶祂到耶路撒冷，依照猶太教的律法，將祂獻給上帝，並獻上祭物。一般父母是以一隻一歲的羔羊作為燔祭，一隻雛鴿或班鳩作為贖罪祭。如因貧窮無力奉獻羊羔，亦可以一對班鳩或雛鴿取代，一隻為燔祭，一隻為贖罪祭。這些祭物必須是毫無瑕疵的，因為都是預表基督的完全。

奉獻長子的禮節從最早時便設立了。上帝已應許賜下天上「頭生的」來拯救罪人，因此就有奉獻長子的禮節。在拯救以色列人出埃及時，上帝吩咐摩西警告埃及王法老，若不肯讓以色列人離開，長子便會遭害。傲慢的法老不願服從，於是毀滅的天使奉命擊殺埃及人的長子和頭生的牲畜，連法老家中亦不能倖免。以色列人因遵從上帝的指示，以羔羊的血塗在門框和門楣上為記號，而免遭災難。從此之後，上帝便規定一切頭生的人或牲畜，都分別為聖歸與上帝。又揀選利未支派，代替長子們在聖所中服務。長子要用代價贖回，並歸屬耶和華，因此奉獻長子的律例便具有特殊的意義了。它不但紀念主對以色列民的奇妙拯救，同時也預表耶穌對人類更大的拯救。如同塗在門框和門楣上的血拯救了以色列人的長子一般，耶穌的血也具有能力拯救世界。

可惜當時祭司們將奉獻嬰孩當作一件司空見慣的事。他們每天接受奉獻嬰孩的贖銀，卻毫不在意這些前來奉獻的父母和兒童，除非這些父母具有富裕或尊貴的身分，他們才會予以另眼相看。約瑟和馬利亞出身貧窮，服裝簡樸，祭司行禮如儀地抱過孩子，在祭壇前舉了一下，就將孩子交還母親，然後將名字「耶穌」登記在長子的名冊上。祭司絲毫不知手上所抱的嬰孩乃是天上的君，榮耀的王。祂是「大衛的根」、「明亮的晨星」，是祭壇所預表的救主，是墮落人類的希望。

「在耶路撒冷有一個人，名叫西面；這人又公義又虔誠，素常盼望以色列的安慰者來到，又有聖靈在他身上。他得了聖靈的啟示，知道自己未死以前，必看見主所立的基督。」[註1]當西面走進聖殿時，看見一對夫婦在奉獻嬰孩，他知道這就是素來所盼望的那一位，便歡喜地將耶穌抱過來說：「主啊！如今可以照你的話，釋放僕人安然去世；因為我的眼睛已經看見你的救恩。」[註2]他為耶穌祝福後，又預言這孩子必叫多人跌倒，多人興起；又叫多人心裡的意念顯露出來，並要刺透母親馬利亞的心。祂不單是以色列的榮耀，也是照亮外邦人的光。女先知亞拿也跟著進來，因得見嬰孩耶穌，而吐露衷心的感謝。馬利亞將此事深藏在心裡，反覆思想。當時她並不明白基督的使命，要經過許多年後，才明瞭耶穌不是為登上王位而來，乃是要作全人類的救贖主。

屬靈的事要用屬靈的眼光去領會。以色列民不願接受降生的救主，而失去了上帝要賜給他們的福分。今日亦有許多人承認耶穌為歷史人物，卻不接受祂為永生的救主，因而錯過了天上的福分。人必須放棄自我，才能領受上帝的恩典。上帝為救贖罪人，付上犧牲愛子的重價，在天上地下沒有比這更大的愛了。耶穌的一生，從馬槽到十字架，都是一種呼召。凡願意跟隨主的人，必須捨己，與祂同受苦難。在最後審判時，每一個人都要面對自己的選擇。人要看出他們所揀選的，是十字架的永生，還是永遠的滅亡。當一切心思意念顯露時，忠心者和悖逆者，都要同聲宣揚說：「主啊，誰敢不敬畏你，不將榮耀歸與你的名呢？……因你公義的作為已經顯出來了。」[註3]

【註1】路2：25、26　【註2】路2：29、30　【註3】啟15：4

06 「我們……看見祂的星」

當希律王的時候，耶穌生在猶太的伯利恆。有幾個博士從東方來到耶路撒冷，說：「那生下來作猶太人之王的在哪裡？我們在東方看見他的星，特來拜他。」太2：1、2

從東方來的博士是哲學家，他們屬於高貴而有權力的階級。雖然在這些人中間也有不少行詐害民的，但來朝拜耶穌的博士，是有智慧、忠誠正直、備受尊重的人。當他們研究滿天星斗，推測其間隱藏的奧祕時，為了追求更明確的知識，便著手研讀希伯來人的經文。又從本地的先知著作和舊約經卷中得到啟示，知道彌賽亞降臨之日已近，心中滿懷喜悅。

當上帝的榮耀充滿伯利恆的那一夜，這些博士看見天上有一道奇妙的光。這光消逝後，又有一顆明星出現，停留在夜空中。原來這星是遠處一群光明的天使，雖然博士們不明白此星象，卻深覺這星具有特殊意義。於是請教祭司和其他學者，並考察了古代各書卷的記錄。他們從巴蘭先知的預言中得知：「有星要出於雅各，有杖要興於以色列。」[註1]他們在夢中蒙上帝指示，便決意尋找這位新生的王。按照東方國家的習俗，他們帶著當地最貴重的禮物出發，準備將最珍貴的獻給那使萬民蒙福的救主。他們在夜間跟隨那顆明星引路，每停下休息時，便殷勤地查考預言。他們緊隨著那星的引導，又蒙聖靈的感動，旅程雖漫長，心中卻充滿了喜樂與盼望。

抵達以色列地時，看見引領他們的星停留在聖殿上空，過了片刻即消逝了。博士們進入耶路撒冷，無論在城中或聖殿裡，都探聽不出新生王的消息。他們的詢問並沒有使人歡喜，反而引起人們的驚奇和懼怕。這些被視為化外之人的博士們，很快就轟動整個耶路撒冷，連希律王也聽聞他們到訪的風聲。希律對他們的任務感到不安，深怕這位新生王會激起民間的騷動，並推翻他的王位。於是召集祭司長和文士們，問他們彌賽亞生在何處。這些猶太人的教師回答說：「在猶太的伯利恆。因為有先知記著，說：『猶大地的伯利恆啊，你在猶大諸城中並不是最小的；因為將來有一位君王要從你那裡出來，牧養我以色列民。』」註2希律王急忙召見博士們，佯稱祝賀基督誕生，並囑咐他們找到了嬰孩之後回來通報，好讓他也去拜見這位新生王。

其實耶路撒冷的祭司和長老們早已聽聞耶穌誕生的消息。他們故作冷淡，乃因為不願意承認這福音竟從卑賤的牧羊人及外邦的博士們傳來。驕傲、頑固與虛偽蒙蔽了他們的心。

博士們離開耶路撒冷時，黑夜已臨，他們再次看見那星，就大大歡喜，那星一路引領他們直到伯利恆。讓他們訝異的是，耶穌竟然降生在馬槽裡。他們進了屋內，俯伏朝拜嬰孩，又獻上黃金、乳香、沒藥為禮物。在回程中，上帝指示他們不要回去見希律，於是便從別的路返回本國。約瑟也同樣在夢中得啟示，知道希律必殺害耶穌，便立即帶著馬利亞和嬰孩，連夜逃往埃及。撒但一心要熄滅上帝的光，他企圖藉著希律除掉救主。上帝不單眷

佑保護祂的愛子，並藉著博士們的獻禮，供給了他們逃往埃及寄居異地的費用。博士們是第一批迎接救贖主的人，他們獻上的是放在主腳前的第一份禮物，不但蒙上帝悅納，更為上帝所使用。

希律不見博士回來報信，便下令屠殺伯利恆城內兩歲以下的嬰孩。猶太人拒絕接待救主，不接受聖靈的感動，終究難逃此災難。希律王在濫殺無辜後不久，亦遭慘死的厄運。約瑟本想再回以色列地去，但主在夢中指示他遷回故鄉拿撒勒。於是耶穌就在那裡平靜的居住了將近三十年，這便應驗先知所說「他將稱為拿撒勒人」的話。這就是世人迎接救主降生時的情景，小小耶穌在上帝的庇護下長大成人，預備完成祂降世的使命。

【註1】民24：17　　【註2】太2：6

07 童年時期

孩子漸漸長大，強健起來，充滿智慧，又有上帝的恩在他身上。……耶穌的智慧和身量，並上帝和人喜愛他的心，都一齊增長。路2：40、52

耶穌在拿撒勒的小山村裡，度過祂的童年和青年時期。祂並未住在富裕的豪宅或輝煌的宮院內，也沒有進入著名的學府，而是生長於偏僻、甚至被人輕視的小地方。耶穌在幼年時就顯出可愛的性情。祂是個樂於助人、正直無私、溫文有禮的兒童。耶穌的母親注重祂才能的成長，鼓勵祂那易於受教的心。她從聖靈得智慧，與天上的能力合作，成為耶穌在世上的第一位教師。她以上帝的話語，教導兒子天上的事情，並沒有讓祂進拉比學校受教育。

以色列人非常注重青年人的教育。上帝指示他們自幼以詩歌、祈禱和聖經的教訓，讓子女學習祂的良善和偉大。這些父母多以口授的方式教育兒女。青年人也閱讀希伯來文的作品，研究舊約聖經的書卷。在基督的時代，一個城鎮若不替青年辦理宗教教育，就是受了上帝的咒詛。但是猶太人的教師只注重傳授律法和儀文，而轉離了「智慧的源頭」。在拉比的訓練之下，青年人的能力受到抑制，心思也變成拘泥狹窄。

耶穌自幼勤讀聖言，又從自然界中學習科學的知識，藉著聖潔的思想和屬靈的交通得到造就，無論在品德或學識上都不斷長進。日後他傳道時，亦經常引用日常的事物作為比喻，表達上帝的真理。每一個兒童均可像耶穌一樣，從聖經與大自然中認識天父，建立高尚的心志和純潔的思想。藉著禱告與上帝交通，培養屬靈的思想和能力。耶穌過著與上帝和諧的生活，雖然和其他人一樣遭受試探，卻時刻警惕保持聖潔。祂是所有少年、青年及成年人的楷模。祂的一生乃是與黑暗勢力的長期鬥爭，即使生活在充滿邪惡的拿撒勒，依然不受罪惡玷污，保持毫無瑕疵的生活。

家境貧窮的耶穌，每日須勤勞工作分擔家計，無暇招惹試探或浪費光陰。祂學會木匠的手藝，與父親約瑟一同工作。窮困和苦難正是培育純潔和高尚品德所必需的鍛鍊。祂也藉著工作學會應付困難，克服障礙。耶穌保有健康的身體，以便勝任每一項工作。上帝命定工作是一種福惠，只有殷勤工作的人，方能體會人生的光榮和幸福。耶穌以愉快和積極的態度工作，從不讓世俗的憂慮，阻礙祂思念天上的事。祂經常吟詠詩篇或高唱聖詩，表示心中的快樂與感謝。每當同伴因工作疲勞而埋怨時，耶穌便以甜美的歌聲化解他們的怨氣，將惡天使驅逐出去，將心他們的心思引向天家。

耶穌在拿撒勒過著清靜簡樸的日子，並時刻關懷身旁的人與事。男女老少、心裡憂傷背負罪擔的人和林中的飛鳥動物，無不因祂的同在而得幫助。如此耶穌的智慧和身量成長時，上帝和人喜愛祂的心，也隨之增長。祂所給予別人的同情、希望和鼓勵，為每一家庭帶來福惠。安息日在會堂裡，祂常宣讀經文，使人心中充滿安慰與喜樂。住在拿撒勒的這些年，祂一直過著默默無聞的平凡生活，甚至在聖經中也不多記載祂的童年。救主從不顯示自己的神能，亦不追求功名利祿。祂從勞苦度日的木匠生涯開始為上帝作工。這正是兒童和青年們應當效學的態度——生活要安靜儉樸，盡量避免人為的刺激，並多與大自然和諧共處，這樣就對青少年的體力、心智和靈性有幫助。耶穌立下榜樣，教導我們如何在卑微之中，仍與上帝親密同行。凡願意效法主忠心順服的青年，必蒙上帝喜悅和祝福。

08 逾越節

每年到逾越節，他父母就上耶路撒冷去。當他十二歲的時候，他們按著節期的規矩上去。路2：41、42

按照猶太人的習俗，十二歲乃是幼年與青少年分界的年齡。希伯來的男孩年滿十二歲，就被稱為律法之子，亦稱為上帝的兒子。他可有特別領受宗教教育的機會，並有義務參加神聖的節期和禮儀。耶穌年滿十二歲，父母便照此規矩，帶著祂到耶路撒冷過逾越節。以色列人每年遵守三個大節期：逾越節、五旬節和住棚節。上帝吩咐以色列的男丁，必須在這些節期到耶路撒冷朝拜，通常前來守節人數最多的是逾越節。從加利利到耶路撒冷數日的路程中，人們結成隊伍同行。逾越節正值三月底或四月初，遍地鳥語花香，景色宜人。父母可沿途看著以色列的古蹟，向兒女敘述上帝對他們所行的神蹟奇事，又以詩歌和音樂排遣旅途的寂寞。

在為了紀念他們離開埃及為奴的最後一夜，希伯來人立國時便訂立了逾越節的禮節。當時上帝指示他們將羔羊的血塗在門框和門楣上，又將羔羊的肉用火烤熟與無酵餅和苦菜同吃。及至午夜，天使越過他們，擊殺埃及人的長子和頭生的牲畜。如此每逢逾越節，他們就要紀念這奇妙的拯救。守完逾越節後，接著是七天的無酵節。在這節期的第二天，以色列人將一年莊稼初熟的果實——大麥一捆獻給耶和華。這些儀式乃是預表基督的工作，紀念上帝的救贖。當時多數人僅以形式守此節期，但是對上帝的兒子而言，這一切卻別具深長的意義。

童年的耶穌首次瞻仰聖殿，看到祭司執行莊嚴的儀式。祂靜觀每一項祭祀禮儀，看出其中的預表與自己有關，明白這使命的奧祕。當禮節告終時，仍流連在聖殿院中默想所見的景象。祂又到聖殿旁聆聽拉比們的教訓，以上帝羔羊受苦受死的經文詢問教師們關於彌賽亞的預言。這些博學之士反問祂一些問題，耶穌則謙恭有禮的背誦經文，對答如流。拉比們知道耶穌並沒有入學受教育，對祂更是另眼相看，彼此對問：「這少年怎能有如此知識？」

當約瑟和馬利亞離開耶路撒冷時，發現耶穌不在後面。他們一路上與友人結伴同行，直到傍晚休息時才注意到耶穌不在身邊。作父母的想起當年希律的追殺，心中不禁恐慌起來。他們帶著憂慮和自責，一路找回耶路撒冷。直到第二天，才在聖殿中的拉比學校找到耶穌。馬利亞心急的責備兒子，耶穌回答說：「為什麼找我呢？豈不知我當以我父的事為念嗎？」[註1]這是救主第一次顯示自己與上帝的關係，宣告祂身負的使命。從此之後，耶穌跟隨父母回到家中，履行祂為兒子、為兄弟、為朋友和為公民的義務，長達十八年之久。

眾人，包含約瑟與馬利亞，因為旅行的興奮和朋友間的交際互動，而遺忘了耶穌。我們是否也因無謂的閒談或因疏忽禱告，而失去救主的同在？我們在彼此交際互動時，應當時刻謹慎，免得忘記耶穌。不可因世俗之事，忽略了永生的盼望。許多人只顧參加宗教聚會，少用時間去默想和禱告，而在不知不覺中，失去上帝的同在。我們應當每日用一小時的時間默想主的生平，多加研究祂的事蹟，尤其是祂的臨終大事。我們要詳細地思索主為你我所付的偉大犧牲，學習謙卑降服在十字架下。在與人交往時，更要彼此鼓勵，互相造就。時常談論主的愛，效法主耶穌的樣式，就能「變成主的形狀，榮上加榮。」[註2]

【註1】路2：49　　【註2】林後3：18

09 奮鬥的日子

敬畏主就是智慧；遠離惡便是聰明。伯28：28

猶太人自幼在拉比的教條中長大，生活細節中的一舉一動，皆受嚴苛的規定。青年人必須在會堂教師的門下，學習繁縟的規條和律例。唯獨耶穌不在這些事上費心，寧願多花時間研究上帝的話語。在祂的口中，常掛著「耶和華如此說」和「經上記著說」。耶穌看到當時民眾只顧遵行虛偽的禮儀，而不以真心實意敬拜事奉上帝。但是祂沒有抨擊拉比教師的言行，惟以上帝的話教導真理，感化他人，並常以溫和謙遜的態度，為人講解祂所熟悉的聖言。這就引起拉比、文士和長老們的嫉妒與忿恨，有時甚至找約瑟和馬利亞出面管教不願屈服於他們的耶穌。

耶穌從小便造就自己的品格，凡事以服從上帝的話為先，甚至不因孝順父母而改變這原則。耶穌的弟兄們，亦常施壓要祂服從人的律法，但祂不就範。在青年時期，主就必須學習緘默和忍耐。耶穌認為宗教不該是閉關自守或自私利己。祂與人接觸時，不問信條教義或屬何宗派，而是誠心幫助有需要的人，減輕他們肉體和心靈上的重擔。祂雖不富裕，但常克己節食，為要幫助比祂更貧乏的人。祂所傳授的真理，總是配合著憐憫助人的行為，使人真正感受上帝的愛。

這一切引起耶穌弟兄們不滿，因祂的正直與完美，使他們相形見絀。所以祂無論在家或出外，都受到反對和誤解。而耶穌卻以仁愛對待他們，充份的彰顯忍耐和慈愛。耶穌經歷了人世間的苦難和試探，深深瞭解如何在世俗中保持聖潔。祂說：「少年人用什麼潔淨他的行為呢？是要遵行你的話。」又說：「我將你的話藏在心裡，免得我得罪你。」[註1]

耶穌不爭自己的權利，甘心克己，不發怨言。遇到困難時，從不灰心喪志，總是耐心地忍受磨練。無論何時，只要有機會，即到大自然中與上帝交往。祂常在幽靜的山野間默想、讀經和禱告，回家再負起祂的責任，留下耐勞的榜樣。祂極敬愛母親，而馬利亞心中亦深信耶穌就是彌賽亞。有時看到其他子女和外人對耶穌的批評與刁難，不免規勸祂要依從拉比們，但耶穌總是提出聖經的話作為行事的根據。馬利亞知道祂品行端正，敬上帝愛世人，心中就有了平安。

救主耶穌教導我們：要注重並運用上帝所賜予的才能；要愛惜光陰如同愛惜珍寶；更要培養高貴的品德，以此顯明我們是上帝的兒女。祂總是在適當的時機和環境裡，向眾人提出合宜的教訓與勉勵。耶穌亦是身體和心靈的良醫，祂關心人類的每一樣痛苦，祂慈愛的話是慰藉人心的良藥。雖然還未開始行神蹟救人，卻以愛來醫治受苦和患病之人。

耶穌的少年、青年和成年時期是孤獨度過的，無人體會祂所背負的擔子有多重。祂知道自己必須完成救贖人類的使命，便充滿熱誠地進行這偉大的計畫，作人類的光和希望。

【註1】詩119：9、11

第3卷 耶穌為受膏者

10 曠野的人聲

在曠野有人聲喊著說：預備主的道，修直他的路。照這話，約翰來了，在曠野施洗，傳悔改的洗禮，使罪得赦。可1：3、4

基督的先鋒約翰，從以色列忠心等候彌賽亞的人當中興起來了。年老的祭司撒迦利亞和妻子伊利莎白住在猶太的山地敬虔度日。上帝應許要賜給他們一個兒子，這孩子將要「行在主的前面，預備他的道路。」[註1]作祭司的撒迦利亞每年必須按著班次進聖殿輪值兩次。此時他已到耶路撒冷，在聖殿裡供職一週了。當他站在第一層聖所的金香壇為人燒香禱告時，忽然有天使向他顯現，告訴他：「上帝已垂聽你的祈禱，要給你們生一個兒子，你要給他起名叫約翰，他將使以色列人回轉，歸向上帝。」[註2]

年邁的祭司想到自己與妻子年事已高，不禁懷疑天使所說的話。於是他變成啞巴不能說話，直到這事應驗才得恢復。等到那應許的孩子出世不久，撒迦利亞就說出稱頌上帝的話來。這事就傳遍猶太的山地，凡聽見的人都將這事放在心裡。

按照天使的吩咐，這孩子淡酒濃酒都不喝。約翰漸漸長大，心靈強健，住在曠野，直到他顯明在以色列人面前。上帝呼召他從事一項偉大的工作——將真光傳給世人。他必須有健全的體格、智力和靈性，克服食慾和情慾，服從更高理智的約束，過著簡樸克己的生活。

在兒童和青年時期，最容易培養品格，此時所培養的自制能力，足以影響一生。在幼年所養成的習慣，比任何天資更能決定人生的成敗。青年是撒種的時期，能決定今世和來生收穫的好壞。凡敬畏上帝願意成為聖潔的人，都必須學習節制和自治。

約翰成為上帝的使者，是要「叫為父的心轉向兒女，叫悖逆的人轉從義人的智慧，又為主預備合用的百姓。」[註3]上帝並沒有差遣他到拉比學校受教育，反而呼召他往曠野去，在那裡認識大自然和創造天地萬物的主。約翰嚴格律己，自願放棄人生的享樂與奢華，離開世俗的喧囂煩擾，在曠野研究自然、尋求啟示，接受從天而來的教導。他從未忘記雙親時常提醒的使命，願意接受神聖的託付。從誕生時起，他就被獻作拿細耳人（意即歸主的人）。他身穿駱駝毛的衣服，腰束皮帶，吃野地的蝗蟲野蜜，喝山間清泉的水。在獨居中，藉著默想及祈禱，他作好獻身的準備。

約翰雖然住在曠野，仍時常出去與人來往，留意時事的動態，洞察人心的需要。每逢遭遇試探，他都靠賴聖靈抵抗撒但的誘惑。他看到同胞們只顧生活在醉生夢死的罪惡之中，便希望藉著宣揚上帝的信息，喚醒他們走出罪惡。否則，他們就要像那丟在火裡的糠粃一樣了。

當時的國勢動盪不安，人心惶惶，渴望掙脫羅馬的權勢。忽然從曠野傳出「天國近了，你們應當悔改！」[註4]的聲音，震撼了人心。約翰奇異的裝束，尖銳的言詞，甚似先知以利亞。成群的人到曠野聆聽他的信息，拉比、文士、法利賽人、兵丁、稅吏、

貴冑或鄉民們，都前來認罪悔改、領受洗禮。當然在其中也有許多人不是真心的。上帝藉著約翰說：「我是用水給你們施洗，叫你們悔改。但那在我以後來的，能力比我更大，我就是給他提鞋也不配。他要用聖靈與火給你們施洗。」[註5]他將耶穌降臨的信息傳達給眾人，告訴人們唯有離棄罪惡接受救主，才能獲得永生。這曠野的傳道者，後來被稱為「施洗約翰」。

【註1】路1：76　【註2】路1：13－16　【註3】路1：17
【註4】太3：2　【註5】太3：11

11 受洗

耶穌受了洗，隨即從水裡上來。天忽然為他開了，他就看見上帝的靈彷彿鴿子降下，落在他身上。從天上有聲音說：「這是我的愛子，我所喜悅的。」太3：16、17

曠野先知——施洗約翰所傳的奇特信息，傳遍了加利利。連住在最偏僻的鄉農和漁夫也風聞此事。這消息亦傳至約瑟的木匠舖裡。耶穌知道時候已到，便放下平日的工作，辭別母親，往約但河去。耶穌和施洗約翰原為表兄弟，但彼此之間，並不直接認識。耶穌生長在加利利的拿撒勒，約翰則在猶太的曠野長大。他們在不同的環境，過著隱居的生活。這也是天意，免得別人認為他們是同謀，互相維護彼此的身分。

約翰知道耶穌降生時的種種事蹟，亦聽過祂在耶路撒冷和拉比學校中發生的事情。雖然沒有特別的憑據，但他相信耶穌是彌賽亞。他抱著信心等候，深信到了上帝預定的時候，一切都必顯明。上帝又啟示他，將來要為彌賽亞施洗，將救主介紹給眾人。當耶穌前來要求受洗時，約翰就看出祂的純潔，是從未在其他人身上見過的。他不敢答應耶穌的請求，覺得自己是個有罪的人，怎能為這聖潔無罪者施洗呢？他退後著，說：「我當受你的洗，你反倒上我這裡來嗎？」[註1]耶穌以溫和而堅定的口吻說：「你暫且許我，因為我們理當這樣盡諸般的義。」耶穌受洗，並不是承認自己有罪，乃是要取罪人的樣式，作我們該作的事，為我們立下典範。這位無罪的，必須親受罪的羞辱，與醜惡的勢力爭戰，孤獨地承受各種痛苦的煎熬。

於是約翰依從救主的話，領祂到約但河裡，將祂全身浸在水中施洗。耶穌從水裡上來，隨即在岸上禱告，祈求天父賜祂能力承擔神聖的使命。這時天忽然敞開，上帝的靈如鴿子降在祂身上，又有聲音說：「這是我的愛子，我所喜悅的。」[註2]在約但河邊的廣大群眾，除了約翰以外，沒有人見過此種異象。上帝臨格的嚴肅氣氛，瀰漫於會眾之間。上帝發出這樣肯定的話，是要使在場目睹的人生出信心，相信耶穌是永生上帝的兒子。

約翰看見上帝的榮光包圍著主耶穌，又聽見天上發出的聲音，就認出這是上帝應許的記號。他知道這位受洗的，是世界的救贖主。這時聖靈降在約翰身上，他伸手指著耶穌說：「看哪！上帝的羔羊，除去世人罪孽的！」[註3]聽見這話的人沒有一個能領悟「上帝的羔羊」的意義何等重大。上帝希望他們明白羔羊所預表的救主，為了世人的罪被獻上成為祭物。這使人與上帝和好的禮物，乃出自上帝的慈愛。耶穌使人與天重得連接，祂的愛既環繞了人，又上達天庭。當我們祈求幫助以抵擋試探時，天門必敞開，賜下同樣的光輝照射你我，使每一個相信祂的人，都成為蒙上帝喜悅的兒女。

我們的救贖主已經開啟一條永生之路，叫那些犯重罪、受壓迫、極貧乏、被輕視的人，都可以接近天父。藉著祂，人人都可進入那為我們預備的天家。「看哪，我在你面前給你一個敞開的門，是無人能關的。」[註4]

【註1】太3：14、15　【註2】太3：17　【註3】約1：29　【註4】啟3：8

12 受試探

耶穌被聖靈充滿，從約但河回來，聖靈將他引到曠野，四十天受魔鬼的試探。路4：1、2

耶穌到曠野，並不是去招惹試探，乃是被聖靈引去。在那裡祂要獨自沉思自己的使命和工作，藉著禁食與祈禱預備自己，以便行祂所必須走的血路。撒但見此，便認為這是向主下手的最佳時機。

撒但在引誘人犯罪之後，自稱是世界的王，人類從此便陷入他的掌控和操縱之中。基督來，就是要駁斥撒但的王權，使人重獲自由。自伊甸園開始，撒但就利用謊言誣罔上帝、迷惑世人。他意圖曲解預表救主的各種禮節。在每一個世代，都努力使人誤解這些預言，以便拒絕基督的降臨。撒但既然喪失了天庭，便決心讓人類與他一同墮落，作為報復。他使世人輕視天上的事，專以地上的事為念。

基督受洗時，撒但亦在場觀看，他也聽見上帝的聲音，證明了耶穌的神性。他深知若不戰勝救主，必為祂所勝，所以就集合一切叛逆的勢力，親自與上帝的愛子交戰。其實這場鬥爭，在每一個人的心中不斷地重演著，撒但要以各種試探攻擊上帝的兒女。基督肩負著全世界之罪的重擔，在食慾、愛世界及虛榮心上

接受考驗。撒但以亞當、夏娃犯罪為證據，詐稱上帝的律法不公正，是不可能遵行的。

基督要以人類的立場，挽回亞當的失敗。耶穌在曠野與撒但交戰時，人類的體力、智能和品德已有四千年的退化；而基督也承受了墮落人類一切的軟弱。惟有如此，祂才能將墮落的世人從罪惡的深淵中拯救出來。祂取了人性及人的一切軟弱，忍受一切的試探。耶穌在曠野禁食四十晝夜，最飢餓時，撒但上前來對祂說：「你若是上帝的兒子，可以吩咐這些石頭變成食物。」[註1]從世人犯罪以後，自私的放縱增加了食慾和情慾的失控。在各世代中，那能引起肉體情慾的試探，是最能使人類敗壞與墮落的。撒但藉著不節制的生活，破壞上帝賜予人類的智力和羞恥感。他企圖從人的身上消滅每一處與上帝相似的地方。

我們靠著自己是無法克服試探的。撒但趁基督心力交瘁時，欲令祂懷疑上帝、動搖祂對上帝的信心，讓祂為自己行一個神蹟。如果基督真這樣作，便破壞了救恩大計。撒但極力慫恿祂以神性證明自己的身分，要祂為自己行神蹟。但耶穌不為所動，用聖經的話回答：「經上記著說：人活著，不是單靠食物，乃是靠上帝口裡所出的一切話。」[註2]正如以色列人在曠野漂流時，上帝賜下嗎哪給他們作糧食一樣，人須藉著信靠上帝的話語，才可勝過試探。跟從主的人，往往會遇到相同的考驗，因著信仰必須犧牲屬世的事業或生活的資源。但主說：「你們要先求他的國和他的義，這些東西都要加給你們了。」[註3]在認明主的能力之後，我們就不會為了得到食物或想救自己的性命，而隨從撒但的誘惑。反而會服從上帝的命令，時刻信靠祂的應許。

每逢遭遇灰心失意或愁苦困境時，撒但設法動搖我們對上帝的信心，讓緊握上帝的手放鬆。我們的主既經過世人所必行之路，就開闢了得勝之道。祂說：「你們可以放心，我已經勝了世界。」[註4]聖經中的每一項應許都是為你我寫的。唯有「靠上帝口裡所出的一切話」，我們才得以存活。當試探攻擊時，不要專注環境的好壞或自己的軟弱，應當倚靠上帝的話，緊握住主的手，以從天而來的智慧和力量，勝過試探。正如詩人大衛所寫：「我將你的話藏在心裡，免得我得罪你。」[註5]

【註1】太4：3　【註2】太4：4　【註3】太6：33
【註4】約16：33　【註5】詩119：11

13 得勝

你們要以感謝為祭獻與上帝，又要向至高者還你的願，並要在患難之日求告我；我必搭救你，你也要榮耀我。

詩50：14、15

撒但帶耶穌進入耶路撒冷，叫祂站在殿頂上，對祂說：「你若是上帝的兒子，可以跳下去，因為經上記著說：主要為你吩咐他的使者用手托著你，免得你的腳碰在石頭上。」註1這狡猾的魔鬼，居然以上帝的話來對付耶穌。他假扮光明的天使，用熟悉聖經的口吻，掩飾他欺騙的謊言。他以「你若是上帝的兒子」的「若」字引誘基督，並慫恿耶穌擅作主張，以「跳下去」將自己置身於試探中。其實撒但不能強逼或推耶穌跳下去，因為如此行，上帝必出面干預。同樣地，魔鬼決不能強迫我們行惡。除非人願意受他支配，放鬆對上帝的持守，否則他無法在我們的身上得逞。但我們的心中若存有犯罪的慾念，便開放了門戶，使他得以進來試探和毀滅我們。

耶穌不願偏離順從的道路，祂對天父絕對信任，亦不讓自己陷於危險之中，勉強上帝來援救祂。於是主對撒但說：「經上又記著說：『不可試探主——你的上帝。』」從歷史上可知，無論上帝行過多少奇事，以色列人總是在患難時懷疑祂。我們實在不該試探上帝的慈愛與能力。「人非有信，就不能得上帝的喜悅；因為到上帝面前來的人必須信有上帝，且信他賞賜那尋求他的人。」[註2]真正的信心乃來自把握住聖經的應許，並結出順服的果實。救主囑咐我們：「總要儆醒禱告，免得入了迷惑。」[註3]默想和禱告能保守我們，免於行走危險和失敗之路。

在被試探攻擊時，我們不該失去勇敢的信心。上帝讓祂的兒女接受試煉，乃是要叫他們得益。「上帝是信實的，必不叫你們受試探過於所能受的；在受試探的時候，總要給你們開一條出路，叫你們能忍受得住。」[註4]藉著堅定的信心，耶穌在第二個試探中得勝了。

接著撒但帶耶穌到高山上，將一望無際的萬國榮華展現在祂的眼前，並對祂說：「這一切權柄、榮華，我都要給你，因為這原是交付我的，我願意給誰就給誰。你若在我面前下拜，這都要歸你。」撒但自稱從亞當手中奪得世界的統治權，其實天地萬有皆歸屬於上帝。當他表示願將一切奉送給基督時，乃意圖要耶穌讓出世界的王權。基督若承認撒但的主權，雖可脫離未來可怕的遭遇，但亦等於在善惡之爭中屈服。基督對試探者說：「撒但，退去吧！因為經上記著說：當拜主——你的上帝，單要事奉他。」[註5]

耶穌拒絕撒但的收買，不向罪惡降服。祂來，乃是要建立一個公義的國度。今日撒但也用同樣的試探引誘世人。他以榮華富貴、物質享樂、名譽地位甚至幸福生活迷惑我們，要我們為自己而活。他利用屬世權柄的慾望，轄制人類的心靈。在耶穌嚴正斥責之下，撒但被迫退去。我們亦當如此抵擋試探，迫使撒但離

去。耶穌藉使徒告訴我們：「故此，你們要順服上帝。務要抵擋魔鬼，魔鬼就必離開你們逃跑了。你們親近上帝，上帝就必親近你們。」[註6]藉著相信和順服上帝，我們必能勝過試探。

仇敵退去之後，耶穌精疲力竭的倒在地上，有天上的使者來伺候祂。他們拿食物加添祂的體力，以天父之愛和全天庭的祝賀安慰祂的心。耶穌甦醒過來，帶著寬宏仁厚的心，繼續完成救贖的工作。直到我們贖民與救贖主同站在上帝寶座前的，我們才能體會救主所付出的代價。祂為了你和我，竟然捨棄天庭的榮耀，淪為天涯遊子，冒著失敗與永遠淪亡的危險，使我們有得勝的盼望。那時我們必要將冠冕放在祂腳前，高唱：「曾被殺的羔羊是配得權柄、豐富、智慧、能力、尊貴、榮耀、頌讚的。」[註7]

【註1】太4：6　【註2】來11：6　【註3】可14：38
【註4】林前10：13　【註5】太4：10　【註6】雅4：7、8
【註7】啟5：12

14 「我們遇見彌賽亞了」

他無佳形美容；我們看見他的時候，也無美貌使我們羨慕他。……他卻擔當多人的罪，又為罪犯代求。賽53：2、12

施洗約翰在約但河外的伯大尼傳道施洗，他的教訓深入人心，引起了宗教界領袖們的注意。羅馬人為防百姓謀反，嚴密的監視一切民眾的集會。約翰的工作並未經過猶太公會認可，這公會是由祭司、教師和領袖們所組成的最高宗教組織。公會的領袖們看到人們反應熱烈的跟從約翰，就派代表到約但河與他會談。他們詢問約翰是誰，是以利亞嗎？是先知嗎？約翰回答：「不是」。他說：「我就是那在曠野有人聲喊著說：『修直主的道路』，正如先知以賽亞所說的。」約翰所指乃是以賽亞的預言：「在曠野預備耶和華的路，在沙漠地修平我們上帝的道。」

拉比們又繼續問他：「你既不是基督，不是以利亞，也不是那先知，為什麼施洗呢？」約翰更加清楚地告訴他們：「我是用水施洗，但有一位站在你們中間，是你們不認識的，就是那在我以後來的，我給他解鞋帶也不配。」[註1]約翰激動地伸手指向耶穌，宣佈祂的使命。那時耶穌站在人群中，既不作任何表示也不引人注意。

次日，約翰看見上帝的榮光降在祂身上，便說：「看哪，上

帝的羔羊，除去世人罪孽的！……如今我來用水施洗，為要叫他顯明給以色列人。……就證明這是上帝的兒子。」註2這是一項驚人的宣布。眾人看著外表平凡、衣著簡樸的耶穌，不能相信這就是他們長久等候的救主。祂出身於貧寒，不單作我們的救贖主，也要立下謙卑的榜樣，為卑微窮苦的人帶來希望。但這卻使許多人感到失望，無法接受這樣的彌賽亞。

過了一天，有兩個門徒靠近約翰站著，聽見他宣告「這是上帝的羔羊」，便去尋找耶穌。這兩人一位是西門的兄弟安得烈，一位是後來寫福音書的約翰。耶穌知道他們跟在後面，便問：「你們要什麼？」他們說：「拉比，在那裡住？」耶穌說：「你們來看。」從此他們便跟隨了耶穌，成為祂第一批果實。門徒約翰是個滿腔熱誠、有愛心，而好沉思的人。見到耶穌之後，他聚精會神地接受主的教導。安得烈則按捺不住心中的喜悅，即刻跑去跟哥哥西門說：「我們遇見彌賽亞了！」西門曾聽過施洗約翰講道，這時他毫不遲疑地跑去見耶穌。主的眼睛注視著他，看出他仁愛同情的心懷，自信又衝動的性情，又洞悉他一生犯罪悔改、為主工作以及為道殉身的歷史；便說：「你是約翰的兒子西門，你要稱為磯法。」（磯法翻出來就是彼得。）」註3

又次日，耶穌往加利利去，遇見腓力，就呼召他「來跟從我吧。」腓力服從了這命令，立刻成了為主作工的人。腓力又找到好友拿但業，告訴他已經遇見摩西律法所寫和先知所記的那一位——拿撒勒人耶穌。拿但業心存偏見地說：「拿撒勒還能出什麼好的嗎？」腓力只回答說：「你來看！」耶穌看見拿但業就說：「看哪，這是個真以色列人，他心裡是沒有詭詐的。」又說：

「腓力還沒有招呼你，你在無花果樹底下，我就看見你了。」拿但業便稱耶穌為上帝的兒子，跟隨了祂。我們也應像他一樣，憑著研經、祈禱、聖靈的啟引，並親自來見耶穌，成為主的門徒。

這些接受主呼召的門徒，首先將福音與家人好友分享，引導他們歸向救主。這是每個基督徒應當樂意去做的。凡獻身於上帝的人，必成為傳光的通路，將主豐盛的恩典傳給他人。上帝讓我們參與祂的工作，造就我們有基督的品格，使我們進入與主同工的喜樂。耶穌呼召約翰、安得烈、西門、腓力和拿但業，就此奠立了教會的根基。祂告訴他們說：「我實實在在地告訴你們，你們將要看見天開了，上帝的使者上去下來在人子身上。」[註4]上帝的天使要上去，將貧乏和受苦之人的禱告帶到天父那裡，又要下來，將福氣、希望、勇敢、幫助和生命，帶給世人。基督既取了人性又藉著祂的神性抓住上帝的寶座，祂就成了上帝與世人之間的交通媒介了。

【註1】約1：26、27　【註2】約1：29－34　【註3】約1：42
【註4】約1：51

15 娶親的筵席

你們當以基督耶穌的心為心……叫一切在天上的、地上的，和地底下的，因耶穌的名無不屈膝，無不口稱「耶穌基督為主」，使榮耀歸與父上帝。腓2：5、10、11

耶穌開始工作時，並未在耶路撒冷的公會前施行什麼奇事。當祂從曠野出來後，便回到加利利。這裡有一個離拿撒勒不遠的小村莊，名叫迦拿。在那裡有一家人要舉行婚禮，而且男女雙方都是約瑟和馬利亞的親戚。於是耶穌便帶著門徒同去赴筵。

此時，耶穌與母親已分離一段日子了，父親約瑟也已經過世。馬利亞心中一直牢記先前所發生的種種事蹟，又看到耶穌聖潔無私的生活，使她確信這是上帝所賜下的救主。她在娶親的筵席上與兒子重逢，看見耶穌依然溫和孝順，只是眉宇間增添了些許威嚴和能力。隨行的門徒也都恭敬的跟著祂，並且不斷向馬利亞述說祂的事蹟。賓客間談論的話題，似乎都集中在耶穌身上。作母親的不免為此感到驕傲；她多麼希望耶穌有機會在眾人面前行神蹟，證明祂的神性。

這長達數日的慶祝，婚筵未終，酒卻已用盡。這使主人感到為難和不安。熱心的馬利亞將此事告訴耶穌，但祂回答說：「婦人，我與你有什麼相干？我的時候還沒有到。」從表面上看來，這個回答似乎有些唐突無禮。其實如此稱呼母親，是合乎當地習俗的尊稱。耶穌的用意在於告訴母親，不可指揮或影響祂的工作，祂必須遵照天父的旨意，實行救贖的每一計畫。祂不按照自己的意思，也不受任何人擺佈，包括最親近的家人在內。任何人都不可左右祂的言行。

馬利亞雖不完全認識基督的使命，但她確是真誠的信賴祂。耶穌絕不會辜負這樣的信心。祂所施行的第一件神蹟，就是為表揚馬利亞的信賴，並堅固門徒的信心，使他們可以應付周圍的反對和懷疑。馬利亞告訴僕人說：「他告訴你們什麼，你們就做什麼。」耶穌便吩咐佣人將石缸倒滿了水，在急需用酒時舀出來供筵席飲用。豈知器皿所舀出來的，不是原先倒進去的水，而是上好的酒！管筵席的嚐過佣人所送來的酒，覺得這酒比先前所飲過的更好，便對新郎說：「人都是先擺上好酒，等客喝足了，才擺上次的，你倒把好酒留到如今！」

這世界所給予人的，是短暫不能持久的。酒會變成苦水，歡樂會變成憂愁。但耶穌所賜的恩惠卻能永保新鮮，而且越久越甘甜。祂所賜的是恩上加恩，取之不盡。基督賜給婚筵的禮物，乃是一種表號。水代表歸入祂死的洗禮，酒代表祂為世人的罪所流之血。石缸裡的水由人手倒滿，但只有基督的話能賜予生命的能力。祂的一句話供給了筵席充足的酒，祂的恩慈也可以滿足我們心靈的需要。主為這筵席所預備的是未曾發過酵的酒，其功效可增進健康的食慾。

當賓客爭道酒好時，從佣人的口中得知神蹟的經過情形，倍感訝異。後來有人要找這位行神蹟的人時，耶穌卻已暗暗退去。

於是眾人轉而注意祂的門徒，這也是第一次門徒能夠向別人傳講耶穌的機會。於是這消息就傳遍那一帶地方，連耶路撒冷的居民也聽見了。

耶穌天性合群，樂意接受各階層之人的款待。只要是正當的社交活動，祂都願意參加。在赴此婚筵上，基督表明尊重婚姻為神聖的制度。祂甚至常用婚姻來比喻祂和救贖之民的密切關係。主耶穌深入民間，誠心關懷他人。祂常與人有社交接觸，訓練門徒們無論在山邊、路旁或海濱，都可向人講解生命之道。我們作基督徒的，不可與世隔離，過著獨善其身的生活。應當利用那因基督恩典而成聖的社交力量，引人歸主。我們萬不可讓世人覺得跟從主是沉悶、呆板和不快樂的。凡是領受神恩的人，應將基督之愛所發的光，反射給他人，叫他們得到平安與喜樂。

16 在祂的殿中

豈不知你們是上帝的殿，上帝的靈住在你們裡頭嗎？若有人毀壞上帝的殿，上帝必要毀壞那人；因為上帝的殿是聖的，這殿就是你們。林前3：16、17

耶穌赴完婚筵後，與母親、兄弟和門徒同去迦百農。住了幾日，又往耶路撒冷去，因為猶太人的逾越節已近。祂並沒有公開宣佈自己的使命，乃是夾在人群中，不受注意。人們興高采烈的談論彌賽亞是國家的希望，但耶穌知道他們誤解聖經，將來必要失望。祂就誠懇地為他們解釋預言的真義。

在逾越節的這一週，從遠近各地來的猶太人，都返回耶路撒冷過節。有許多人不能隨身攜帶祭物奉獻，為方便起見，在聖殿的外院便有買賣牲畜的交易。每一個猶太人，必須每年獻上銀子半舍客勒，作為生命的贖價。這些錢就用在維持聖殿的費用上。此外還有眾人所獻的樂意捐，也存在聖殿的庫中。凡捐獻的人，須將外國的錢幣，換成聖所的舍客勒，方可作奉獻之用。聖殿中有了兌換銀錢的生意，各種欺詐勒索的弊端隨之而生，也逐漸成了祭司們中飽私囊的財源。

逾越節所獻的祭物很多，買賣的營業額很大。聖殿成了牛羊的市場。畜牲的鳴叫聲、人們的叫囂聲和錢幣的叮噹聲，充滿了聖殿的院子。人們根本無法在此祈禱和敬拜上帝。祭司和官長們理應糾正這種錯誤，然而貪財蒙敝了他們的心，他們便對這種情景視若無睹。

耶穌進入聖殿，看到這神聖之地竟充滿混亂與邪惡，臉上就顯出憤怒、威權和能力來。祂站在聖殿院中的臺階上，用銳利的目光洞察這一切。這時紛亂變為肅靜，買賣叫價聲停止，靜默的氣氛使人心生畏懼和驚惶。耶穌以清脆宏亮的聲音說：「把這些東西拿去！不要將我父的殿當作買賣的地方。」祂手握鞭子走下臺階，推翻了兌換銀錢的桌子，吩咐各種買賣離開。眾人經不起祂神聖的威嚴，便驚慌的逃出院子。殿內再次呈現一片嚴肅的寧靜，主的臨格潔淨了聖殿。耶穌潔淨聖殿就是宣佈祂彌賽亞的使命，並開始祂的工作。

上帝的本意，是要每一個受造的生靈，都作創造主所居住的聖殿。人心被罪的汙穢蒙蔽，無法彰顯上帝的榮耀。藉著耶穌道成肉身，人心重新成為祂的聖殿，讓上帝得與我們同在。只有基督能潔淨人心中的殿，然而祂決不勉強進來。祂說：「看哪，我站在門外叩門，若有聽見我聲音就開門的，我要進到他那裡去，」[註1]只要讓主進來，必能潔淨心靈，使之成聖，成為主的聖殿和「上帝藉著聖靈居住的所在。」[註2]

祭司和首領們落荒而逃。遇到往聖殿去的人，就將所發生的事告訴他們，吩咐他們不要前去。耶穌的音調和容貌，帶有無可抗拒的力量。祂的命令顯出祭司們的偽善，他們明知自己犯了剝削勒索的罪，仍不願悔改。過了一會兒，他們決定回去質問祂從何處得此權柄。當時留在聖殿中的都是一些窮苦、灰心或身患疾病的人。耶穌垂憐每一個人的呼求，照顧受苦的孩童，醫治各人的病痛。人人心中都充滿快樂、平安和希望，回家以後便四處宣揚主奇妙的愛。後來這班人在耶穌被釘十架時，並沒有參與暴徒的行動。從聖殿院子逃跑後又回來的群群眾看到此情此景，就非常希奇，並知道這應驗了彌賽亞的預言。

祭司和官長對耶穌說：「你既做這些事，還顯什麼神蹟給我們看呢？」耶穌回答說：「你們拆毀這殿，我三日內要再建立起來。」他們不明白這其中的寓意，憤然說：「這殿是四十六年才造成的，你三日內就再建立起來嗎？」其實主說此話，乃是預表祂受死和復活之事。那預表基督的獻祭禮節，因為祂已降臨而廢除，因此地上祭司之職也不須存在。耶穌希望讓門徒與眾人明白救贖的真義，惟有祂才是為我們在上帝面前不住祈求的大祭司。「凡靠著他進到上帝面前的人，他都能拯救到底；因為他是長遠活著，替他們祈求。」[註3]

【註1】啟3：20 【註2】弗2：22 【註3】來7：25

17 尼哥德慕

因為在天下人間，沒有賜下別的名，我們可以靠著得救。

徒4：12

尼哥德慕是猶太國位高權重的官長，他身受高深的教育，具有非凡的才能，又在議會中備受尊敬。雖然擁有財富、學問和聲望，他卻被這平凡的拿撒勒人耶穌所吸引。他渴望從救主身上多學一點奇妙的真理。基督在潔淨聖殿時所行使的威權，激起祭司和首領們的仇恨之心。尼哥德慕與有些人的想法一致，認為謀害耶穌會遭天譴或引致災難臨到猶太人，因此力勸公會不要迫害耶穌。由於他顯赫的身分，祭司們也就沒有公然採取反對主的行動。

尼哥德慕聽過耶穌的講論後，就切心研究彌賽亞的預言，並相信祂就是那位將要來的救主。他極想與耶穌晤談，但礙於身分地位，不敢公開去找耶穌，於是打聽到主在橄欖山安歇的地方，便在深夜造訪祂。尼哥德慕強作鎮定以掩飾自己的膽怯，就問主說：「拉比，我們知道你是由上帝那裡來作師傅的；因為你所行的神蹟，若沒有上帝同在，無人能行。」耶穌沒有接受他的恭維，但看出這是一個尋求真理的人，就和藹的對他說：「人若不重生，就不能見上帝的國。」[註1]

耶穌告訴尼哥德慕，他所需要的並非增加理論的知識，而是屬靈的更新。尼哥德慕是個嚴謹的法利賽人，素以行善自豪。他的慈善和慷慨，備受大家尊重。他萬無想到自己需要重生，也不覺得自己需要改變。法利賽人的驕傲與尋求真理的誠意，在他心中起了爭戰。他語帶諷刺地回答說：「人已經老了，如何能重生呢？」耶穌以肯定的語氣對他說：「我實實在在地告訴你，人若不是從水和聖靈生的，就不能進上帝的國。從肉身生的就是肉身；從靈生的就是靈。」人不能靠自己的功德遵守律法，亦無法從改良舊生活中得到淨化。惟有藉著聖靈將自我與罪一同置之死地，才能得到全新的改變。

尼哥德慕依然不大了解。於是耶穌又以風為比喻；「風隨著意思吹，你聽見風的響聲，卻不曉得從哪裡來，往哪裡去；凡從聖靈生的，也是如此。」[註2]聖靈的運行有如風一般無影無形，但我們卻可看得見和感覺到其所生的效果。人或許說不出悔改的確定時間或地點，或許不能追溯悔改過程的詳細情況，卻不能否認聖靈潛移默化、引人歸主的能力。上帝的靈住在人心中，就能改變我們的整個生活，按著上帝的形像，作新造的人。人類有限的智力，無從領會救贖大工，只有經歷出死入生的人，才能體會這神聖的事實。

耶穌的話，透出幾道真理的光芒，感動這位官長的心。他不能完全領會主的話，只注意到重生的方法，而不是重生的必要。耶穌所指的不是外表的虔誠，乃是心靈上的新生、罪的潔淨與聖潔的復興。正如上帝向以西結所應許的：「我也要賜給你們一個新心，將新靈放在你們裡面。」[註3]依照人的看法，尼哥德慕是

位正人君子，但在基督面前，他感到慚愧。他渴望得到真正的改變，卻不知道該如何開始。耶穌告訴他：「摩西在曠野怎樣舉蛇，人子也必照樣被舉起來，叫一切信他的都得永生。」這就是重生之道，亦是永生之道。除了信靠和仰望耶穌以外，人不能靠自己得救。我們應該像尼哥德慕一樣，來到主跟前，承認自己的罪，在基督裡開始新生命。

在那天夜裡，真理的種子撒在尼哥德慕的心田裡。他雖然沒有立時公開承認基督，但他時常留心揣摩主的教訓和作為。直到三年之後他才挺身而出，以自己的財富支持即將滅沒的幼小教會，供給門徒傳揚福音的經費。以後雖然為此遭人迫害變成貧窮，但他的信心卻毫不畏縮。因為他得到了生命之道。後來他將這情形告訴約翰，於是記錄在聖經中，成為後人的光。

【註1】約3：3　　【註2】約3：8　　【註3】結36：26

18 「祂必興旺」

我住在至高至聖的所在，也與心靈痛悔謙卑的人同居；要使謙卑人的靈甦醒，也使痛悔人的心甦醒。 賽57：15

施洗約翰的影響，遍及全國各地。如果他率領群眾反抗羅馬政府，必有多人擁戴他。撒但準備慫恿施洗約翰，準備拿一切足以打動人心的慾望，挑動他與耶穌之間的紛爭。但忠心的約翰毅然拒絕了撒但的誘惑。他將眾人對他的注意力，轉移到耶穌的身上。當時耶穌在約但河的境界傳道，跟從祂的人越來越多，門徒也日益增加。許多人到他那裡要求受洗，基督自己雖不施洗，卻准許門徒執行這個禮儀。約翰的門徒看見耶穌的聲望日大，就起了嫉妒之心。

他們心懷不平的來見約翰，說：「拉比，從前同你在約但河外、你所見證的那位，現在施洗，眾人都往他那裡去了。」約翰的任務即將結束，此時如果他陷入撒但的試探中，就必撒下爭論的種子，助長猜忌和嫉妒，嚴重的阻礙福音的進展。約翰雖有人的軟弱，但神聖之愛已感化他成為超脫、無私的人。他並不同意門徒的看法，反而告訴他們說：「若不是從天上賜的，人就不能得什麼。我曾說：『我不是基督，是奉差遣在他前面的』，你們自己可以給我作見證。娶新婦的就是新郎；新郎的朋友站著，聽

見新郎的聲音就甚喜樂。故此，我這喜樂滿足了。他必興旺，我必衰微。」約翰將自己喻為婚姻中的介紹人。新郎既娶了新婦，介紹人的任務就完成了，自然是高興的慶賀新人才對。約翰存著信心仰望救贖主，已達到捨己的最高峰。他視自己為曠野的人聲，現在他欣然隱退，使眾人轉向那生命的光。

凡蒙召忠心作上帝使者的人，必不求自己的尊榮。要以愛基督的心克服愛己之念，不因爭權奪利損害福音工作。他們要認清自己的責任，要高舉耶穌。施洗約翰全然虛己，就被上帝的光充滿。跟從基督的人也當如此，惟有虛心順服，才能領受從天而來的光輝。凡能這樣行的人，必有無限量的聖靈賜給他們。

我們不必爭論誰的洗禮是真的，洗禮只是一種形式，賜人生命的乃是基督的恩典，「信子的人有永生」。耶穌工作成功的消息，傳到耶路撒冷祭司和拉比的耳中，他們便決心要制止祂。耶穌知道以色列的領袖們要製造祂的門徒與約翰門徒之間的分裂，並且不久要將約翰除滅。為了避免引起誤會和分裂，祂悄然地退到加利利去了。我們也當效法耶穌和施洗約翰的榜樣，設法避免一切足以使人跌倒或引起紛爭不睦的事情。

施洗約翰不過是上帝手中的工具，任務既完成便該功成身退。今日亦如此，上帝選召一個人從事一項工作，工作進行到相當程度時，主又選召別人前來，將工作發展得更為遠大。但許多開路先鋒只注意自己的成就，而忽略了上帝的計畫。過分受尊敬的人，有時容易陷入自恃自矜的試探中，以致離開上帝。上帝的工作不可帶有人的形像和名號。祂往往呼召不同的人來成就祂的工作。凡願意謙卑虛己的人，必能為主完成更大的工作，蒙主祝福。

19 在雅各井旁

你們一切乾渴的都當就近水來；沒有銀錢的也可以來。因為我要將水澆灌口渴的人，將河澆灌乾旱之地。賽55：1；44：3

耶穌往加利利去，路過撒馬利亞。約在正午，到了美麗的示劍谷。耶穌因為行路疲乏，坐在井旁休息，並差派門徒進城買食物。當時猶太人和撒馬利亞人之間存有很深的仇恨。他們儘可能避免來往，尤其禁止任何社交往來。猶太人不向撒馬利亞人借貸，也決不接受他們任何優惠，就是一口食物或一杯涼水也不行。但向他們購買食物，就不算是越過這個範圍。

耶穌坐在井旁，既飢渴又疲憊。祂看見一個撒馬利亞的婦人前來打水，她沒有理會這個坐在井旁的人。當她裝滿水正要離開時，耶穌向她要一點兒水喝。原本這樣的請求在當地是沒有人會拒絕的，住在沙漠地的阿拉伯人，覺得給乾渴的行人水喝，算是盡一種神聖的義務。但猶太人與撒馬利亞人之間的仇恨，使她對耶穌的要求感到詫異。她說：「你既是猶太人，怎麼向我一個撒馬利亞婦人要水喝呢？」

耶穌回答說：「你若知道上帝的恩賜，和對你說『給我水喝』的是誰，你必早求他，他也必早給了你活水。」這婦人並沒有聽懂基督的話，便以輕浮嬉笑的語氣說：「先生，沒有打水的器具，井又深，你從哪裡得活水呢？我們的祖宗雅各將這井留給我們，……難道你比他還大嗎？」耶穌極誠懇和鄭重的對她說：「凡喝這水的還要再渴；人若喝我所賜的水就永遠不渴。我所賜的水要在他裡頭成為泉源，直湧到永生。」耶穌指的是祂所賜的恩典和慈愛。凡嚐過主恩滋味的人，心中就擁有這幸福的生命之泉，必不再追求世俗的東西。基督是取之不盡，用之不竭的泉源。我們可從這泉源得力量，滿足一切的需要。

耶穌的話引起了這婦人的興趣，她說：「先生，請把這水賜給我，叫我不渴，也不用來這麼遠打水。」但耶穌卻突然改變話題說：「你去叫你丈夫也到這裡來。」婦人說：「我沒有丈夫。」救主卻對她說：「你說沒有丈夫是不錯的。你已經有五個丈夫，你現在有的並不是你的丈夫。」婦人聽了這話就發抖，一隻神祕的手正翻開她過去的歷史，將她想隱瞞的祕密都揭露出來。她想轉移話題，便說：「先生，我看出你是先知。我們的祖宗在這山上禮拜，你們倒說，應當禮拜的地方是在耶路撒冷。」

從這裡正好一眼就望見基利心山。撒馬利亞人的先祖原是以色列人。因為他們犯了罪，上帝就讓他們被拜偶像的國家征服，從此與異邦人混雜而隨之拜偶像。在以斯拉重建耶路撒冷聖殿時，猶太人不肯讓他們參與，以致更加深兩個民族之間仇恨。撒馬利亞人為了爭一口氣，便在基利心山上也造了一座殿，並依照摩西的儀文敬拜上帝，只是沒有完全除去偶像。如今山上的殿已遭毀壞，僅剩祭壇還在。後來災禍接踵臨到他們的身上，似乎是受到了拜偶像的咒詛。但他們一直不肯承認耶路撒冷的聖殿是上帝的居所，亦不承認猶太人的宗教比較優越。

耶穌回答說：「你當信我。時候將到，你們拜父，也不在這山上，也不在耶路撒冷。……因為救恩是從猶太人出來的。時候將到，如今就是了，那真正拜父的，要用心靈和誠實拜他，因為父要這樣的人拜他。」人與上帝交通，不在於一座聖山或是一所聖殿。宗教是不限於外表的形式和儀節的。我們事奉上帝，必須從聖靈而生，使我們有清潔的心和更新的靈，並賜給我們能力來認識上帝。

婦人深為主的話感動，她說：「我知道彌賽亞要來；他來了，必將一切的事都告訴我們。」耶穌告訴她：「這和你說話的就是他！」這時真光已經射入她的心中，基督所賜予生命的泉源，已開始湧入她心中。她不但接受了耶穌，並迫不急待地回到城裡，將這消息傳給別人。她的見證打動了眾人的心，吸引多人到耶穌那裡去。

耶穌仍坐在井邊，縱目觀望，看見田間的莊稼，便對門徒說：「莊稼已經熟了，可以收割了。收割的人得工價，積蓄五穀到永生，叫撒種的和收割的一同快樂。」無論是播種或收割，同是為上帝作工，必要共享與上帝同工的喜樂。撒馬利亞人來聽耶穌的話，就相信了祂，並邀請耶穌進城去。於是祂就與他們同住兩天，因耶穌的話，信祂的人就更多了。他們對那婦人說：「現在我們信，不是因為你的話，是我們親自聽見了，知道這真是救世主。」

耶穌的門徒們，仍受猶太人偏見的影響，對耶穌所行甚感困惑。主知道他們的想法，也預見他們將來所要應付的艱難，就親自立下了這榜樣。耶穌對世人的愛，絕不分家世、國籍或生活環境。祂的活水乃是賜給每一個尋求祂的人。只要有人敞開心門迎接福音的邀請，主必親臨教導他。這位撒馬利亞婦人的見證比門徒的工作更有成效，主賜給她的教訓，傳至地極，讓多人反覆述說。每一位得蒙主恩的基督徒，都應如此為上帝傳福音。喝過活水的人，當成為生命的泉源，使領受的人變成施與的人，像沙漠中的甘泉，湧出活水滋潤萬人。

20「若不看見神蹟奇事」

信上帝兒子的，就有這見證在他心裡；……這見證就是上帝賜給我們永生；這永生也是在他兒子裡面。人有了上帝的兒子就有生命，沒有上帝的兒子就沒有生命。約壹5：10—12

從耶路撒冷守逾越節回來的加利利人，將耶穌的奇妙作為傳開，為祂日後在加利利傳道開了路。耶穌稱自己是彌賽亞的消息傳至各地，拿撒勒的居民卻仍不相信祂。救主告訴門徒，沒有先知在本鄉是受人尊敬的。世人常用自己狹窄的眼光、庸俗的心思去衡量他人。同樣地，他們也以基督寒微的出身或儉樸的裝束來評定祂，反而看不見主的聖潔與榮耀。

基督回到迦拿的消息，很快便傳遍加利利，為身心勞苦的人帶來希望。這就引起了一位現任官吏、猶太貴族的注意。他的兒子身患重病，群醫束手，命在旦夕。他聽見耶穌的名聲，就決心親自前去求助。希望以一個父親的懇求，使兒子獲得一線生機。到了迦拿，看見一大群人圍繞著耶穌。他急切的從人群中擠到救主面前，看見耶穌衹不過是個衣著平常、風塵僕僕的平凡人，心中不免懷疑這人是否能救兒子的性命。但他還是向主說明來意，請祂到家裡去。其實耶穌

在他離家之前，就已看到他的愁苦了。祂知道這位父親是帶著條件前來尋求主，就回答說：「若不看見神蹟奇事，你們總是不信。」

這與先前撒馬利亞人單純的信，成了多麼大的對比！撒馬利亞人不求任何神蹟奇事便相信了主；而身受神恩的猶太人，反倒要求看見神蹟才相信。雖然如此，耶穌看見他多少還有一點兒信心，就要將更大的恩惠賜給他。主不但要醫治這孩子，更要使救恩臨到他和他的全家。要他們成為一盞明燈，照亮迦百農。耶穌對他說這話，乃是要他看出自己的自私與不足。現今也有許多人，帶著為己謀益的私心來跟從主。上帝要我們認清自己的虛偽和缺乏，才能真心領受上帝的恩惠。

這位大臣知道自己站在一位洞察人心、無所不能的主面前，深怕因著自己飄忽不定的信心，會使兒子喪命。他苦苦哀求主：「先生，求你趁著我的孩子還沒有死就下去。」他像從前雅各抓住天使時所說的一樣：「你不給我祝福，我就不容你去。」[註1]凡懇切哀求主的人，祂絕不推辭。耶穌告訴他：「回去罷，你的兒子活了！」這大臣聽了之後，就滿心喜樂的回家去。

正當此時，在他迦百農的家裡，病危垂死的孩子忽然改變面容，重新恢復健康，疾病得著痊癒，全家人都驚喜不已。到了次日早晨，作父親的返家時，僕人老遠就前來迎接，並將喜訊告訴他。他並沒有顯得驚奇，只問孩子是何時得痊癒的，僕人說昨日燒就退了，就知道正是耶穌說「你的兒子活了」的時候，上帝的愛就臨到這孩子身上。父親急忙回家，將兒子抱在懷中，當他是從死裡活過來一般，並連聲讚美上帝。於是他和全家的人都信主，這神蹟也傳及各地，為主作奇妙的見證。

我們今日是否像這位憂傷的父親一樣，為了得到某種好處而尋求主？耶穌遲遲未曾應允我們的請求，乃是要我們知道各人心中的罪惡，明白自己何等需要祂的恩惠。祂要我們承認自己毫無能力、非常缺乏，需要全心全意信靠祂的慈愛。不是因為看見什麼神蹟或是上帝已垂聽了我們的要求，乃是憑信心來到主面前。當我們學會如此作的時候，我們的祈禱必蒙應允。

【註1】創32：26

21 畢士大與猶太議會

耶和華，是有憐憫有恩典的上帝，不輕易發怒，並有豐盛的慈愛和誠實，為千萬人存留慈愛，赦免罪孽、過犯，和罪惡。出34：6、7

在耶路撒冷有一個叫作畢士大的池子，池旁的五個走廊上躺著各種病患，有瞎眼的、瘸腿的和血氣枯乾的。這池中的水有時會動，人們相信在水動的時候，誰先跳進池裡，無論患的是什麼病都能痊癒。但池邊擠滿了人，水動時，人人都拼命向前衝，往往會發生各種危險。許多人躺在那兒許久，甚至死在池邊，也得不到痊癒。

耶穌來到池旁，看見這群可憐的病人，渴望能夠醫治他們。那天恰是安息日。他若在安息日醫病，必遭猶太人非議。基督看見一個患病長達三十八年的癱子，他因犯罪而得病，大家也認為這是上帝給他的刑罰。他過著無親無故的孤獨生活。有人將他抬到池邊，等候水動。但他根本無法與別人競爭，為此他感到憂慮和失望。忽然有人俯身問他：「你要痊癒嗎？」他沮喪的說：「水動的時候，沒有人把我放在池子裡；我正去的時候，就有別人比我先下去。」主並沒有要他先表示信心，只對他說：「起來，拿你的褥子走吧！」這人以信心握住主的話，毫不猶豫地一躍而起，立時便能行走自如。耶穌沒有保證要給他任何幫助，但他相信主，照祂的吩咐去行，便得醫治。

我們也可以憑著這樣的信心，得到靈性上的醫治。我們因罪而與上帝的生命隔絕，在靈性上癱瘓了。我們無法靠自己回復聖潔，惟有將意志降服在基督裡，遵祂的旨意而行，才能從罪中得救。那得痊癒的癱子起來要找醫治他的恩人時，耶穌已在人群中消失。他高興的大步行走又讚美上帝。他在路上遇見幾位法利賽人，便將經過告訴他們。怎料他們不但反應冷淡，而且提醒他，不可以在安息日帶任何東西走路。猶太人對安息日定下許多毫無意義的條文，使安息日成為難挑的重擔。然而上帝的誡命是人人都能遵守的，祂的律法更不受任何自私無理的限制。

後來耶穌在聖殿遇到那被醫好的人，就告訴他：「你已經痊癒了，不要再犯罪，恐怕你遭遇的更加利害。」這人不知道法利賽人仇恨主，便告訴他們醫好他的那一位是耶穌。於是耶穌被帶到猶太公會前，要為干犯安息日而受審問。當時猶太人係由羅馬統治，因此不能以此定耶穌的罪或將祂處死。於是他們將基督帶到公會中，公然斥責祂的教訓，目的在於破壞祂對人們的影響力。這些以色列的領袖們，就成為撒但所利用的工具。

耶穌來，不是要減少律法的尊嚴，乃是要將律法高舉起來。祂要使安息日從咒詛變為福樂。正因如此，祂選擇在安息日行醫病的神蹟。耶穌要對猶太人說明，治病助人的工作合乎安息日的律法。上帝創立安息日，要我們卸下工作，記念創造主的慈愛，得到身心的休息。安息日絕非懶惰無所事事的日子。正如上帝讓太陽在安息日發出陽光，溫暖了大地；宇宙星球每日照常運行；

花草樹木、五穀果實繼續生長；人也不可在安息日停止行善。上帝要我們在安息日放下平常的事務，多將時間用來默想和敬拜。在這一日多服事上帝與造就人，以便得到更多的福分。

耶穌駁斥他們的控告，對他們說：「子憑著自己不能做什麼，惟有看見父所做的，子才能做。」主在地上所行的一切，均是按照上帝的旨意。我們應當全心仰賴那掌握命運的上帝，祂已經派定我們去工作，又將所需的才能和方法賜給我們。只要我們願意順服和依靠祂，必能完成祂交託的使命。

耶穌在公會前顯示自己是上帝的兒子，祂說：「那聽我話、又信差我來者的，就有永生；不至於定罪，是已經出死入生了。」[註1]

以色列人長久等待的救主已降臨，然而他們卻固執地拒絕接受祂。猶太人的領袖雖然熟讀先知的預言，如今竟然蓄意謀害基督，現在祂已經站在十字架的道路上了。

【註1】約5：24

22 約翰被囚及殉道

因為你們蒙恩，不但得以信服基督，並要為他受苦。腓1：29

施洗約翰是第一位宣布上帝國度降臨的人，也是第一個為基督受苦的人。他曾在希律王轄境內的約但河東岸工作許久。希律王也親自聽過他講道。他叫人悔改的信息，使這荒淫的君王戰慄不安。希律知道約翰是個義人，所以敬畏他，並且樂意聽從他的勸告。約翰指責希律與弟媳希羅底不正當的結合，引起希羅底的仇恨，她慫恿希律將約翰囚禁監裡。

約翰在獄中甚感灰心和苦悶，他的門徒來探監時，將耶穌的工作情形都告訴了他。他們埋怨為何基督不設法解救約翰，而坐視這位忠僕受此痛苦。施洗約翰也開始困惑不安，對救主產生懷疑。然而他回想起先前在曠野所見的一切，都證明耶穌是上帝所應許的救主。他便差遣兩個門徒直接問耶穌，希望主的話能夠消除他們心中的疑慮，信心重得鞏固。

約翰的門徒來見耶穌，問道：「那將要來的是你嗎？還是我們等候別人呢？」救主沒有立刻回答他們，只在他們面前繼續醫病、趕鬼、教訓眾人的工作。一天的光陰過去了，耶穌就吩咐他們將所看見的告訴約翰，又說：「凡不因我跌倒的，就有福了！」約翰的門徒所傳達的這個信息，足以讓約翰得到信心的慰

藉。耶穌又對眾人講論約翰，祂說：「你們從前出去到曠野，是要看什麼呢？要看風吹動的蘆葦嗎？……要看穿細軟衣服的人嗎？……要看先知嗎？……我告訴你們，凡婦人所生的，沒有一個大過約翰的。」

約翰是連結舊約和新約時代的重要鏈環。他以上帝使者的身分，不求自己的榮耀，向眾人指明基督為上帝所應許的救主。上帝使他成為較小的光，照亮他的同胞，引人歸向那更大的光。約翰的一生飽經憂患，孤獨的背負上帝的使命。他無法看見自己工作的果效，亦沒有機會目睹基督大能的作為。他對耶穌所表現的無私與忠誠，乃是人類所能表現的最高尚品德。

希律相信約翰是上帝的先知，一心想要釋放他，可是因為懼怕希羅底，而遲遲未行。人們也以為約翰不致於遭殺害，但邪惡的希羅底卻處心積慮的要除掉他。在希律王生日的宴會上，王和大臣們正在狂歡痛飲，希羅底便差她的女兒撒羅米入席跳舞。酒醉的希律王，理智盡喪，就立誓答應撒羅米的任何要求，連國的一半也願意給她。撒羅米急忙問母親當提什麼要求，希羅底告訴她——施洗約翰的頭。這個要求使希律驚惶失措，狂歡頓時停止。他對自己的誓言深感懊惱，並希望有人會站出來反對此事。但縱情酒色的賓客，早已失去理智和良知，竟無人提出異議。希律只好無奈的下令將約翰斬首。一夜狂歡荒淫，竟犧牲了一位偉大先知的性命。

酒能使人亂性喪智，又能使人犯罪誤事。人的知覺被酒精痲痹之後，就無法清醒地判斷是非，於是在失去自制能力之下，陷入撒但的網羅中。施洗約翰的首級送到希羅底面前時，她發出得意的獰笑，慶幸大仇已報。此後，希律的罪行不斷的受到良心譴責，時常感到焦慮不安，甚至覺得咒詛纏身。他聽見基督的作為，害怕是約翰復活來向他報仇，日夜生活在恐懼中。

耶穌沒有出來拯救約翰，祂知道約翰經得起考驗，必須喝這殉道的苦杯。上帝並沒有撇棄約翰，時常派天使與他作伴，將永生的應許指示他。將來基督的門徒和千萬聖徒為真理受逼迫時，必能想起施洗約翰並效法他忠心的榜樣。若是上帝的兒女能夠明白上帝的旨意，必會選擇上帝的道路。在上天賜給世人的一切恩賜中，與基督一同受苦，乃是最重要的託付，也是最偉大的光榮。

第4卷 耶穌傳道的順利時期

23 「上帝的國近了」

耶穌來到加利利，宣傳上帝的福音，說：「日期滿了，上帝的國近了。你們當悔改，信福音！」 可1：14、15

彌賽亞的降臨，首先在猶太地宣佈。當撒迦利亞在耶路撒冷的聖殿供職時，天使預先告訴他基督的先鋒就要誕生。在伯利恆的山上，天使宣告基督的降生。東方的博士亦前來朝拜祂。在聖殿中有西面和亞拿抱著嬰兒耶穌稱謝上帝。這時，施洗約翰的信息，傳遍了耶路撒冷和猶太全地。猶太公會的代表及眾人，也都耳聞耶穌的見證。從祂潔淨聖殿、醫病的神蹟以及所說的教訓中，充分地證明了祂是永生上帝的兒子。

如果以色列的領袖們接受基督，上帝必重用他們將福音傳遍天下。但他們拒絕了耶穌的信息，而且決意要置祂於死地。所以耶穌就離開耶路撒冷，到加利利的另一群人中間去傳揚福音。世界的光和生命，在基督時代怎樣被教會權威所拒絕，以後的每一個世代也照樣拒絕耶穌。當中古時代倡導宗教改革的人傳道時，本來是無意離開原屬的教會，但由於教會中的領袖不願接納真光，他們就不得不離開原先的教會去向另一班人傳道。

耶路撒冷的拉比們向來輕視加利利人，然而這些沒有學問的小民卻是救主工作的最佳對象。他們既熱誠又真摯，不固執己見，肯虛心領受真理。當時加利利是一個人煙稠密的省份，耶穌在那裡醫病和傳講真理，許多人從各城各省各鄉前來跟隨祂。基督所傳講的主題是：「日期滿了，上帝的國近了。你們當悔改，信福音！」

主所宣佈的日期，就是天使加百列對但以理所說的日期：「為你本國之民和你聖城，已經定了七十個七。要止住罪過，除淨罪惡，贖盡罪孽，引進永義，封住異象和預言，並膏至聖者。」註[1]在聖經的預言中一日即代表一年，所以七十個七，即代表四百九十年。又有「從出令重新建造耶路撒冷，直到有受膏君的時候，必有七個七和六十二個十。」註[2]這裡的六十九個七，即是四百八十三年。從公元前四百五十七年秋天，亞達薛西頒佈重建耶路撒冷的最後一道命令時算起，過了四百八十三年，就是公元二十七年。耶穌就是在此時受洗，接受聖靈的澆灌而開始傳道。

天使又說在七年之內，祂必與許多人堅定盟約。在這七年裡，福音是特別傳給猶太人的——三年半由基督傳，三年半由祂的門徒傳。到公元三十四年，即滿七年時，猶太人用石頭打死使徒司提反，肯定地拒絕了福音。於是遭遇逼迫的門徒分散到四處去傳道。此後不久，掃羅悔改，改名保羅，成為傳福音給外邦人的使徒。此外，預言中又說：「一七之半，他必使祭祀與供獻止息。」註[3]在公元三十一年春天，耶穌被釘十字架，成為真的祭物。當時聖殿的幔子裂為兩半，表示從此廢止地上的祭祀和供獻，應驗了一切預言。

基督第一次降臨是宣告祂恩典的國來臨，第二次降臨則宣告祂榮耀的國來臨。猶太人誤解上帝的話，以致錯過了上帝的恩典。甚至當基督和門徒在世間傳道的短短數年裡，他們也沉緬於謀害、背道的事上。如今我們已經到了預言所指的末期，主在榮耀裡降臨的時候已近。雖然我們不知道主來的時辰，但總要儆醒守候，「你們要時時警醒，常常祈求，使你們能逃避這一切要來的事，得以站立在人子面前。」[註4]

【註1】但9：24　【註2】但9：25　【註3】但9：27
【註4】路21：36

24 「這不是木匠的兒子嗎？」

我實在告訴你們，沒有先知在自己家鄉被人悅納的。路4：24

耶穌在加利利時，每天愉快的傳道和工作，惟在自己的家鄉拿撒勒卻有人拒絕接受祂，說：「這不是約瑟的兒子嗎？」其實他們何嘗不曉得耶穌的一切作為，只是心裡不願意接受祂。這次祂重返故鄉，並在安息日進到會堂裡與他們一同敬拜。按照平日的規矩，會堂的長老要起來宣讀先知的書卷，勉勵眾人忠心等候彌賽亞降臨。會堂中若有拉比在座，就應請他講道。耶穌這個安息日，被邀參加禮拜的儀式。祂站起來，翻開以賽亞預言彌賽亞的經文：「主的靈在我身上，因為他用膏膏我，叫我傳福音給貧窮的人；差遣我報告：被擄的得釋放，瞎眼的得看見，叫那受壓制的得自由，報告上帝悅納人的禧年。」註1念完後便把書卷交還執事。眾人都定睛注視祂、稱讚祂，並對祂口中的恩言感到希奇。當時耶穌動人的儀容和帶著能力的言辭感動了他們，於是會眾連呼「阿們」，並頌讚耶和華。

但是耶穌說：「今天這經應驗在你們耳中了。」這話使他們心裡起了反感，不願相信這木匠的兒子就是上帝所應許的那一位。既然心存疑惑，撒但便讓他們見不著光明，得不到釋放。耶穌引用昔日先知的事跡來解答他們的疑問。祂提到在以利亞的時候，以色列

人迷戀罪惡，拒絕先知的警告，於是上帝便用異邦婦人的家，作為以利亞的避難所。這婦人蒙恩接受了真理，因此得救。又提到以利沙的時候，以色列中患痲瘋的都未得醫治，但異邦的大臣乃縵憑良心行事，使他不但痲瘋得了潔淨，也得到認識真神的福氣。

耶穌的話道破他們自以為義的病根，揭露了他們的錯誤，字字猶如利刃扎心。他們因不信而發怒，將耶穌逐出會堂，攆到城外。他們將祂帶到懸崖邊，有人要推祂下去，有人要拿石頭打祂。但在眾怒洶洶之時，天使把祂隱蔽起來，脫離惡敵的手，引祂到安全的地方。歷代以來，天使都是這樣緊隨著忠心的人，他們在愛上帝之人的四圍安營搭救他們。

雖然耶穌在拿撒勒遭此對待，祂仍不忍丟棄他們。於是在結束加利利工作之前，又再次返鄉，那時他們還是拒絕接受祂。因為他們不信，主就不能在他們中間行奇事，只有寥寥數人接受祂的恩典。從此耶穌再也沒有回拿撒勒去。不單是他們，全猶太國亦是如此。他們上自祭司下至平民，因拒絕聖靈的感動，最終促成髑髏地的釘十字架、耶路撒冷的毀滅和猶太人日後的分散流離。他們因固執不信，導致心靈盲目，無法接受天國的真理和上帝的恩典。

猶太人拒絕耶穌，不僅是因為祂平凡卑微的出身，更是因為祂的聖潔顯出他們的汙穢，祂的真誠顯出他們的虛偽。他們寧願被自私與驕傲所蒙蔽，也不願接受真光照耀。當他們看見耶穌向外邦人施恩傳道時，便失去理智似地計畫著謀害祂。真理在現今這個時代亦同樣不受歡迎，而撒但也一直用盡方法使人厭棄真理。我們今日是否與猶太人一樣，寧可生活在罪惡中也不願接受主的救恩呢？

【註1】路4：18

25 海邊的呼召

這生命已經顯現出來，我們也看見過，現在又作見證，將原與父同在、且顯現與我們那永遠的生命傳給你們。約壹1：2

在加利利海上，耶穌的門徒整夜打魚，一無所獲。在清晨時分，耶穌來到海邊，希望離開人群，稍作休息。可是不一會兒，眾人又圍上前來。這時門徒都已上岸，耶穌就上了彼得的船，並吩咐他把船撐離岸邊。耶穌站在船上，教訓岸上的人群，其中有各形各色的人：包括富商、學者、農民、漁夫、心中痛苦和身上患病的男女老少，都前來聆聽祂的教訓。從祂口裡所說的每一句話，落在人的心中，便成為永生之道。祂除了對當時的群眾講道之外，也用這些話鼓勵日後因跟從主而受迫害的人。使凡聽見的人，在試煉中有指望，在患難中得安慰。

講完道後，耶穌吩咐彼得把船開往水深之處，下網打魚。彼得因整夜捕魚徒勞無獲，便對主說：「夫子，我們整夜勞力，並沒有打著什麼。但依從你的話，我就下網。」於是和他的兄弟一同撒網到海裡，就圈住許多魚，到拉網上來時，網子幾乎裂開。於是趕快叫雅各和約翰來幫忙，他們所捕得的魚足足裝滿了兩隻船，幾乎要沉下去。這個神蹟使彼得情不自禁的俯伏在主腳前說：「主啊，離開我，我是個罪人！」耶穌告訴他：「不要怕！從今以後，你要得人了。」彼得一方面對夫子由衷敬佩，一方面

對自己的小信慚愧。當他領悟到自己的不足和不配時，才能完全倚靠上帝，蒙召為主作工。

直到這時，門徒雖然跟從主，但並未完全放棄原有的職業。他們看到施洗約翰悲慘的下場，更是灰心失望。耶穌就在這時候呼召他們放棄打魚，全心全意的跟從祂。彼得立即接受了這呼召。耶穌回到岸上後，又對其餘的三個門徒說：「來跟從我，我要叫你們得人如得魚一樣。」他們立刻就撇下一切，跟從耶穌。這捕魚的神蹟震撼了門徒的心，讓他們體會到若離開了主，人的工作必無成效。耶穌來臨時，必帶來信心與希望，成就一切。這些加利利的漁夫才疏學淺，出身寒微，但基督卻能造就他們，讓他們成為有用的器皿。主所尋找的乃是肯虛心受教的人，他們可以擁有祂的品格與智慧，傳送福惠給世人。

耶穌之所以揀選這些漁夫，是因為他們未受當時錯誤的規條和學說所薰染。由於他們肯謙卑學習，耶穌便能造就他們參與祂的工作。門徒受了救主的教導之後，無論在思想和品格上，都被祂同化，世人也就認出他們是跟隨基督的人。同樣地，耶穌今日呼召與祂同工的人，乃是順從並願意受教的人。

這些門徒原沒有什麼足以自誇的才華或優點，但與耶穌天天親密同行，便得到祂所賜的生命活力去成就上帝的使命。一個人若能忘掉自己，藉著聖靈過完全獻身的生活，上帝必大大的使用他。只要人肯順從上帝，將自己全然奉獻為主所用，上帝必接納我們僅有的才能，訓練我們為祂服務。藉著與主密切的相交和聯合，必能越來越有基督的心志和品格，並結出榮耀上帝的果子。

26 在迦百農

你們必曉得真理，真理必叫你們得以自由。人若立志遵著他的旨意行，就必曉得這教訓。約8：32；7：17

耶穌到各處傳道，中途常在迦百農停留，於是人們都稱這城為『祂自己的城』。迦百農位於加利利海邊，靠近美麗的革尼撒勒平原的邊界。因為屬於低窪地帶，氣候温和。在這地方有茂盛的樹木果園、碧綠的田野和鮮豔的花卉。山澗的流水滋潤著平原的村鎮，湖上佈滿漁舟，到處都顯露出生氣蓬勃的忙碌景象。它又位於大馬色通住耶路撒冷、埃及和地中海的大道上，各處往來的旅客們常在此逗留稍作休息。這裡最適合作救主傳道的中心點，許多人路經此地，聽到耶穌的教訓後，便將主的真理帶到各國各地去。

先前基督在迦白農醫好大臣之子的見證，使全城的人都擁到耶穌所在之處。凡聽見祂講道的人，都覺得祂的話中帶有權柄和生命。耶穌常以淺顯的方法講述真理，祂在每一個講題中，啟示上帝的慈愛與大能。祂常用空中的飛鳥、野地的百合花、田間的莊稼和牧人的羊群來解明不朽的道理。所以每逢看見這些自然景物，人們就想起祂的話來。有學問的人，被祂的智慧所吸引；沒有知識的人，亦從祂的話裡學習得益。祂的慈憐降在疲乏煩憂的人身上，就有醫治之能。

耶穌在會堂中講論自己的使命時，忽然有一個瘋子從人群中衝出來喊著：「拿撒勒人耶穌，我們與你有什麼相干？你來滅我們嗎？我知道你是誰，乃是上帝的聖者。」會堂內頓時一陣混亂。耶穌斥責附在這人身上的污鬼說：「不要作聲！從這人身上出來吧。」鬼把那人摔在地上，就離去了。這人因蒙拯救而讚美上帝，眾人都驚奇得啞口無言，及至神魂稍定，才說：「他用權柄吩咐污鬼，連污鬼也聽從了他。」這人曾因沉迷於罪中之樂和聲色的放蕩，以致墮入魔鬼的控制中。等到他後悔想要回頭時，已無法掙脫撒但的捆綁。惟有基督才能釋放罪惡的俘虜，拯救失喪的心靈，重燃希望之光。

眾人還在會堂對剛才發生的事驚愕不已，耶穌退到彼得家裡休息。彼得的岳母正病重臥床，耶穌便醫治她，病人就起來服事主和門徒們。基督神奇的工作，很快地傳遍了迦百農。有些人懼怕拉比，不敢在安息日前來求醫治。等到太陽一下山，所有患病的人蜂擁而至。祂看見求醫的人所受的痛苦，就動了慈心，耐心的為他們醫治。往往等眾人散去時已是深夜。但在天未亮時，主又起來獨自到曠野禱告，與上帝交往。耶穌就是如此度過地上的生活。祂經常整夜默想祈禱，直到天亮才回到民間，服務人群。

彼得與他的同伴一大清早就來見耶穌，說迦百農人已來找祂。門徒先前以為耶穌得罪了祭司和官長們，覺得前途暗淡，心灰意冷。但如今在迦百農受到熱烈的歡迎，便重燃建立新政權的希望。耶穌卻回答說：「我也必須在別城傳上帝國的福音，因我奉差原是為此。」[註1]門徒聽了便感到驚訝。耶穌如此說，乃是要使他們的意念從屬世轉到屬靈的事上。

耶穌的一生，沒有誇耀逞能的作風，沒有沽名釣譽的行為，沒有激烈嘈雜的爭論，沒有矯揉造作的禮拜。祂猶如晨曦，寧靜的普照大地，為人間帶來希望和喜悅。

【註1】路4：43

27 「你若肯，必能叫我潔淨了。」

我們若認自己的罪，上帝是信實的，是公義的，必要赦免我們的罪，洗淨我們一切的不義。約壹1：9

在東方人所知道的一切疾病之中，痲瘋病算是最可怕的。人們視此病為無藥可醫且容易傳染的絕症。猶太人則視此病是對犯罪的刑罰。人們根據律例的規定，判定痲瘋病患為不潔淨者，凡疑患此病之人，必須到祭司那裡檢查。如果被鑑定患有痲瘋，就要離開家人被隔離，只能與患相同病症的人住在一起。每當行走時，還必須叫著「不潔淨」的口號，以警告眾人避開污穢。

在基督傳道的地區，有許多痲瘋病人聽見祂所行的奇事，心中便有一線光明的希望。但自從先知以利沙醫治乃縵的痲瘋病後，再沒有人得潔淨痊癒，因此他們不敢期望得到耶穌的醫治。其中有一位患者，決心去尋找救主。由於他不能進城去，所以當耶穌在湖邊講道時，他便遠遠地站著，望著耶穌醫治罹患各種病症的人。他終於鼓起勇氣走向耶穌，渴望得醫治的心，使他一時忘記了律法的禁令和自己的污穢。

他到耶穌面前，俯伏在他的腳前說：「主若肯，必能叫我潔淨了。」耶穌回答說：「我肯，你潔淨了吧！」長大痲瘋的人身上立即起了變化，所有的病症消失，全身得痊癒。主又切切的吩咐他，保持緘默，立刻去見祭司，並在祭司宣告得潔淨後，獻上禮物為證。耶穌如此說是希望他在風聲傳至祭司之前，得到公正的鑑定，不要因為祭司對主的仇恨而誤事。而且祂知道消息一傳開，必會吸引大批的痲瘋患者前來求醫，反而給仇敵有藉口，攻擊祂破壞律法的限制，如此便使傳福音的工作受到阻礙。

果然不出主所料，那得醫治的人回到親友面前，興奮地大肆宣傳得醫治的事情。眾人聽了之後，蜂擁而來，使耶穌不得不暫停工作。祭司看到這人全身康復，就當眾宣佈並記錄此鑑定。祭司們不得不相信耶穌的神能，雖然他們沒有明確表示，但在祂升天之後，確實有許多祭司信從了這道。

耶穌潔淨這可怕的痲瘋病，乃說明祂能除去人心中的罪惡，凡憑信心來到祂跟前的人都可以得到潔淨。「我們若照他的旨意求什麼，他就聽我們，這是我們向他所存坦然無懼的心。」[註1]

在迦百農有一患病多年的癱子，他的疾病是自己犯罪所導致的結果，他時常悔恨，希望能有復原的一天。他早已向法利賽人和一般醫生求治，但他們總是說這病無藥可救，使他陷入絕望的深淵。後來聽見耶穌奇妙的作為，朋友們將他抬到主的面前。當時基督正在彼得家裡講道，屋子裡裡外外擠滿了人，這個病人和朋友們根本無法靠近耶穌。於是他的朋友將屋頂拆開，把他從上往下縋到耶穌的面前。救主看到他憂傷的容貌和懇求的目光，便對他說：「小子，你的罪赦了。」這人以真誠的信心接受耶穌的話，心中充滿平安的躺在那裡。拉比和法利賽人卻認為耶穌赦免人的罪，是犯褻瀆的罪，因為除了上帝以外，無人能赦罪。耶穌問他們為何要懷疑祂，並告訴他們，人子在地上有赦罪的權柄。

然後對癱子說：「起來，拿你的褥子回家去吧！」於是他立刻起來，在眾人面前，拿著褥子走出去。眾人看見此事，便歸榮耀與上帝。

基督奇妙的愛，治癒了肉體的疾病，也更新了罪惡的心靈。現今亦有許多身心患病痛苦的人，他們應像痲瘋病人和癱子一樣，來到主前求醫治，只有祂才能解除罪的重擔，賜下新生命和平安。這些神蹟不但沒有感動法利賽人，反而使他們更積極地圖謀除掉耶穌的新計策。相反地，癱子和他的家人不住的讚美感謝上帝，因為耶穌已將光明和希望帶給他們。

【註1】約壹5：14

28 利未馬太

上帝啊，求你為我造清潔的心，使我裡面重新有正直的靈。

詩51：10

在羅馬人的官吏中，猶太人們最憎惡的莫過於稅吏了。他們不但被視為羅馬政府壓迫百姓的工具，而且時常從中勒索敲詐，中飽私囊。所以眾人唾棄這些稅吏，認為他們是下流的人。但是耶穌沒有嫌棄作稅吏的利未馬太。有一天，他坐在稅關上，看見耶穌向他走過來，並對他說：「你跟從我來。」馬太甚感訝異，但毫不猶豫的撇下所有，跟從了耶穌。在這之前，耶穌所召的四個門徒亦是如此，當主呼召他們時，立刻捨了船，撇下網，跟從了祂。他們不問將來何以維生，也不管前途如何，毫不遲疑地接受主的呼召。馬太是個有不少積蓄的財主，但主給他的考驗與那些窮苦的漁夫是相同的，上帝所要的是能夠全心全意獻身的人。若是不肯捨棄功名利祿，視萬事為糞土，以認識基督為至寶，就不能作上帝的工人。

耶穌召馬太為門徒，引起諸多不滿。法利賽人亦想藉此激起民怨，反對耶穌。馬太成為主的門徒之後，渴望將此福音與昔日好友分享。於是在家中設宴，邀請親朋好友與主一同坐席。其中不但有其他稅吏，還有許多聲名狼籍的人在座。耶穌明知與這些人坐席，必遭非議，但祂不問身份貴賤，只在乎飢渴慕義的心。祂為這班罪人，帶來新生的希望。日後有許多在馬太筵席上聽過真理的人，悔改歸主。這個被人鄙視的稅吏馬太，反倒成為一位最熱誠的傳道人。

拉比們聽見耶穌赴馬太的筵席，就問門徒：「你們的先生為什麼和稅吏並罪人一同吃飯呢？」耶穌不等門徒開口，就回答說：「康健的人用不著醫生，有病的人才用得著。」又說：「我來本不是召義人悔改，乃是召罪人悔改。」耶穌要他們去揣摩經上說「我喜愛憐恤，不喜愛祭祀。」的意思。此時法利賽人和拉比們無言以對，但嫉恨之心卻更加堅決。

猶太人以禁食為積功德的行為，嚴格的猶太人每週禁食兩天。有一次，施洗約翰的門徒正與法利賽人一同禁食的時候，質問耶穌為何祂的門徒不禁食？祂就引用施洗約翰曾用過的比喻說：「新郎和陪伴之人同在的時候，陪伴之人豈能哀慟呢？但日子將到，新郎要離開他們，那時候他們就要禁食。」耶穌在此告訴人們，有祂同在時，他們不必哀慟或禁食，應該及時打開心門，接受真光，照亮他人。

真禁食不是遵守儀式或是藉此高抬自己。聖經記載上帝所揀選的禁食是「鬆開凶惡的繩，解下軛上的索，使被欺壓的得自由，……向飢餓的人發憐憫，使困苦的人得滿足。」[註1]真正的虔誠不在於外表的哀慟、身體的苦修或豐富的祭物，乃在於獻上自己，甘心樂意地事奉上帝，服務人群。基督一生無論是在受試探的曠野裡禁食，或是與稅吏一起吃飯，祂都在犧牲自己，拯救失喪的人。

耶穌又講另一個比喻：「沒有人把新衣服撕下一塊來補在舊衣服上；若是這樣，就把新的撕破了，……和舊的也不相稱。」祂更進一步的說：「沒有人把新酒裝在舊皮袋裡；若是這樣，新酒必將皮袋裂開，酒便漏出來，皮袋也就壞了。」[註2]耶穌用這些例子形容猶太領袖們的情況。這些自以為是的人，認為自己不需要教導，亦不需要救恩。救主便離開他們，將天國的信息傳到漁夫、稅吏、撒馬利亞的婦人和願意接受祂的民眾身上。上帝的子民若肯以基督的恩典作為新的皮袋，上帝就必以新酒充滿他們。

然而文士和法利賽人不願意倒空陳舊的規條和律例，就沒有容納基督教訓的餘地。今日亦有許多人犯同樣的錯誤。他們依賴自己的聰明，不願放棄私意或成見，不覺得屬靈上有缺欠，便拒絕了真理。外表謙卑、莊嚴的祭禮，都是人的自稱為義，然而，靠著行為是永遠不能換取救恩的。人必須空乏其身，捨棄自我，才能成為新造的人。這樣，內心裝著基督所賜新生命的人，才能作祂真正的門徒。

【註1】賽58：6、10　【註2】路5：37

29 安息日

且以我的安息日為聖。這日在我與你們中間為證據，使你們知道我是耶和華——你們的上帝。結20：20

安息日在創世之初被定為聖日，當上帝完成創造大工時，在第七日安息。祂賜福給這一日，定為聖日。祂將這日賜給人類作為休息的日子，能夠在這日記念上帝的創造大工，藉此多與創造主親近。因此安息日是為人設立的，應當分別為聖，專供神聖之用。以色列人在上帝頒布十誡之前就遵守安息日了，但安息日不單是為他們設立，乃是為全世界的人所設立。安息日是上帝與人之間永遠的約，只要天地存在，這聖日就永遠是創造主權能和慈愛的標記。

守安息日使以色列人與其他民族有所分別。上帝要他們遵守安息日，與拜偶像的人隔離，以此證明他們是敬拜獨一真神的子民。但是後來他們離棄了上帝，照自己的意思曲解安息日。猶太的領袖們，更以諸多的繁文和規條使安息日成為難以遵守的重擔。

有一個安息日，耶穌和門徒從禮拜的地方回來。經過麥田時，天色已晚，門徒掐了麥穗用手搓著吃。若是在別的日子，如此行是合法的，但在安息日做這事，便是干犯安息日的行為。因為掐麥穗等於收割，用手搓麥子算是打禾的工作，犯了雙重的罪。窺探的人馬上指責他們冒犯安息日。那時，耶穌便引用古時大衛到聖殿內拿陳設餅充飢的例子，駁斥他們的控訴。又說：「安息日是為人設立的，人不是為安息日設立的。所以，人子也是安息日的主。」[註1]基督要使門徒和仇敵明白，為上帝服務是首要的，凡是幫助人和救人的工作，在安息日都是可行的。門徒既然作的是救人的工作，凡為完成這工作所需要的，都可以在這日行。不應讓煩瑣的儀式和外表的禮節，破壞安息日的宗旨。

在另一個安息日，耶穌在會堂裡看見一個枯乾了一隻手的人。法利賽人注視著祂，看祂要作什麼。耶穌明知在安息日治病必會被定罪，卻毫不猶豫的吩咐那病人站起來，祂問眾人：「在安息日行善行惡，救命害命，哪樣是可以的呢？」他們不敢回答。於是耶穌叫那人伸出手來，手就復原了。有人問祂安息日可否治病，耶穌說：「你們中間誰有一隻羊，當安息日掉在坑裡，不把牠抓住、拉上來呢？人比羊何等貴重呢？所以，在安息日做善事是可以的。」

虛偽的宗教輕視人類的需要、痛苦和權利，然而基督的福音卻是體貼他人的需要又拯救人的性命。祂來不是要廢掉先前的律例，乃是要成為律法活的代表。聖經中所有的真理，皆由祂而來。上帝所定的種種制度，都是為人類謀幸福而用。基督到世上，掃除了猶太人那些不合理的限制，將真理放在榮神益人的事工上。

上帝將守安息日放入十誡之中，賜給祂的百姓，乃是一種恩典。萬物既是主所創造的，安息日也必是由祂設立的。在這聖日使人記念創造主，又認定祂是天地萬物的主宰；主說：「又將我的安息日賜給他們，好在我與他們中間為證據，使他們知道我——耶和華是叫他們成為聖的。」[註2]耶和華又說：「你若在安息日掉轉你的腳步，在我聖日不以操作為喜樂，稱安息日為可喜樂的，稱耶和華的聖日為可尊重的；……你就以耶和華為樂。」[註3]對於接受安息日為主創造和救贖大能標記的人，安息日即成為喜樂的日子。他們在安息日看見主的愛，與祂親近，就必得著安息日的福分。

【註1】可2：27、28　【註2】結20：12　【註3】賽58：13、14

30 設立十二使徒

耶穌上了山，隨自己的意思叫人來；他們便來到他那裡。他就設立十二個人，要他們常和自己同在，也要差他們去傳道。 可3：13、14

在離加利利海不遠的山邊樹蔭下，耶穌設立了十二位使徒，並且在此將工作交給他們。田野和山間，都是祂常去的地方。正如從前在伊甸園裡和園外，基督常在樹林中與人類的始祖交談。祂也曾在橡樹下對亞伯拉罕說話，在田間與以撒會面，在山邊與雅各交談。祂在米甸的山中接見摩西，並在大衛看守羊群時教導他。所以耶穌離開喧嚷的城市，在自然界中訓練門徒，將他們的意念，從人為的事物轉到上帝所創造的萬物上。當人觀看上帝親手所做的奇妙作為時，就能學習真理中的寶貴教訓。

耶穌呼召祂的門徒成為祂的見證人，將所看見、所聽到的，宣告給世人。他們要與上帝一同作救贖的工作。正如舊約時代的十二位先祖是以色列的代表，這十二使徒成為新約教會的代表。主知道祂所揀選的是一班粗俗、軟弱、愚頑的人，便獨自上山為他們整夜禱告。天剛亮，就將這使命交付給他們。

這些門徒已經與主在一起有一段時間了。約翰、雅各、安得烈、彼得、腓力、拿但業和馬太，與耶穌較為接近，所見的神蹟

也比較多。其中以彼得、約翰和雅各與耶穌更為親近，他們幾乎時刻與祂同在。

約翰雖然生性剛烈，但比其他門徒年輕，有著兒童般的信心，容易接受教導。他總是安靜的緊貼在主身邊，與耶穌最親密，被稱為耶穌所愛的門徒。而福音中最深奧的屬靈教訓，亦經由他傳給後人。

腓力是第一個蒙耶穌很清楚地呼召說「來跟從我」而跟隨耶穌的門徒，是個誠心尋求真理的人。但他的信心遲鈍，雖然看見耶穌的作為，卻只當祂是「約瑟的兒子拿撒勒人耶穌」。他即使到最後耶穌釘十字架之前，仍是信心軟弱、心智愚魯的人，與耶穌相處已有三年之久的腓力竟說：「求主將父顯給我們看，我們就知足了。」[註1]然而主仍耐心地教導他。後來他受到聖靈澆灌，便成為一位說話有實據、令人折服的教師。拿但業是個非常誠懇的人，他有著單純的信心，能領會看不見的道理。其他的門徒亦各有不同的性情：有豪爽急躁的彼得；作過稅吏的利未馬太；對宗教狂熱的西門；誠實膽小的多馬；還有野心勃勃的雅各。這些人都帶著自己的缺點與不足跟從主，藉著在基督裡，領受祂的感化，得到改變。

當時有一位自稱為基督門徒的加略人猶大，前來要求在門徒中佔一席之地。他熱心的說：「夫子，你無論往哪裡去，我要跟從你。」耶穌告訴他說：「狐狸有洞，天空的飛鳥有窩，人子卻沒有枕頭的地方。」猶大加入門徒的隊伍，乃是希望在耶穌所建立的新國度裡謀取高位。耶穌表明自己的貧窮，是想打消他這種錯誤的意念。但眾門徒覺得猶大容貌英俊、見識豐富、辦事精練，希望他成為門徒中的一員。如果當時耶穌拒絕猶大，門徒們必無法明白祂的用意。救主洞悉猶大的內心，但仍給予他相同的機會作自己的門徒，使他藉著與主每天的接觸，能夠接受上帝的恩典。但猶大決意保留自私的慾念，終成了撒但的傀儡。

耶穌向門徒講完教訓之後，就把他們聚集在祂身邊，自己跪在他們中間，按手在他們頭上，為他們祈禱，使他們分別為聖，負起傳福音的使命。基督不揀選天使，反而揀選這些與他們所要拯救的人具有一樣性情的人。神性需要人性，因為拯救世界，神性和人性都是不可少的。「我們有這寶貝放在瓦器裡，要顯明這莫大的能力是出於上帝，不是出於我們。」[註2] 這就是上帝把傳福音的責任交給有罪的世人，而不交給天使的原因。我們向世人傳揚這福音時，要與天使合作，成為主與世人溝通的媒介，顯明上帝的慈愛。

【註1】約14：8　　【註2】林後4：7

31 山邊寶訓

我要在他們中間居住，在他們中間來往；我要作他們的上帝；他們要作我的子民。林後6：16

基督設立使徒之後，就與他們到海邊去。那時正值清晨，群眾逐漸聚攏，各處都有人來，那狹窄的海灘，連站立的地方也沒有了。於是耶穌便領他們往後面的山邊草地上，祂坐下，門徒和眾人也都坐下。門徒感覺到這次和以前不大一樣，所以格外緊靠著耶穌。大家都以為耶穌要宣告建立新國度的事情，心思都放在未來的前途和榮耀上。結果基督使他們屬世的希望落空了。

祂在山上一開口便說：「虛心的人有福了！因為天國是他們的。」謙卑痛悔的人知道自己靈性貧乏，才會虛心接受上帝的恩典；存心高傲的人想靠自己賺取救恩，便無法領受福音的啟示。耶穌又說：「哀慟的人有福了！因為他們必得安慰。」祂在此所說的哀慟，並非表面上哀哭。而是受了聖靈的啟發，為自己的罪憂傷，而來到主的面前痛心悔改。這種哀慟叫我們棄絕罪惡，願意在上帝面前自卑，因而得安慰。上帝藉著痛苦顯出我們品格上的錯誤，使我們靠祂得勝。主說：「我要使他們的悲哀變為歡喜，並要安慰他們，使他們的愁煩轉為快樂。」[註1]

「溫柔的人有福了！因為他們必承受地土。」心地柔和乃是基督徒得勝的力量，這等人在受羞辱或欺凌時，能夠保持鎮靜和自制，顯示出他高尚的品格。得蒙承受天國的，不一定是聰明、偉大、活躍或忙碌的人，而是像基督那樣柔和謙卑品性的人。

「飢渴慕義的人有福了！因為他們必得飽足。」人若自覺不足，便會來到主面前，渴望得到祂的慈憐。聖靈必不停地給予幫助，使我們得滿足。耶穌又提到：「憐恤人的必蒙憐恤」和「清心的人必得見上帝。」我們必須棄絕一切不潔的言語和思想，才可分辨屬靈的真理。若能拋開自私的心，必能重見上帝的慈愛。

「使人和睦的人有福了！因為他們必稱為上帝的兒子。」基督與上帝是和睦的，罪使人與主為敵。人不能製造和平，惟有基督的恩典深入人心，才能締結和平，剷除紛爭。「為義受逼迫的人有福了！因為天國是他們的。人若因我辱罵你們，逼迫你們，捏造各樣壞話毀謗你們，你們就有福了！應當歡喜快樂，因為你們在天上的賞賜是大的。」跟從主的人，難免會遭人仇視或陷害。每逢試煉時，當以無比的信心和忍耐，欣然面對考驗。在善惡的爭鬥中，必能獲得最後的勝利。

耶穌說：「你們是世上的鹽。」是要我們住在人間發揮主愛的感化力。若是有名無實的基督徒，就像失了味的鹽，不能幫助別人。主又說：「你們是世上的光。」猶太人意圖將救恩據為己有，基督卻指示他們，救恩猶如日光一樣，是屬於全世界的。聖經的信仰必須在生活中實踐，並在我們與人交往時彰顯出來。言行一致的生活，聖潔無偽的交談，堅貞不移的正直，活潑慈善的精神，都是傳達真光的典範。叫人看見我們的光，便歸榮耀給天上的父。

法利賽人控訴基督破壞律法。耶穌說：「莫想我來要廢掉律法和先知。我來不是要廢掉，乃是要成全。」上帝的律法是要叫人知罪，明白祂的品格。「耶和華的律法全備，能甦醒人心。」註2 拉比們自以為義，雖然奉行儀文條例，但仍活在自私、貪婪、卑鄙和偽善裡。以他們所謂的公義，是不能進入天國的。今日亦然，我們若不脫離驕傲、仇恨與虛偽，便永遠活在罪中，無法與上帝和好。

耶穌更進一步的指出，在獻祭時若心中依然懷恨弟兄，就應先去與弟兄和好，然後再來獻禮物。否則上帝不會悅納他們的奉獻。許多人只熱衷於宗教崇拜或捐獻錢財，但沒有愛弟兄的心，所做的一切都是徒勞無益的。上帝為祂兒女所定的目標是「所以，你們要完全，像你們的天父完全一樣。」耶穌說明了何為公義，祂就是公義的源頭。藉著與祂親近，才能使我們具有上帝聖潔的品格。

凡蒙召為上帝服務的人，應當一無掛慮的信靠祂。基督指著天空的飛鳥和野地的百合花說：難道你們不比它們更貴重嗎？在上帝的生命冊中，每人都有一頁，詳細記載著我們的一生。祂時刻眷佑祂的兒女，連頭髮都數過了。主叫我們不要為明天憂慮，只要天天緊隨救主，祂必供給我們一切的需要。

「你們不要論斷人，免得你們被論斷。」不要以為自己比別人強，立自己為審判的法官。批評人就是定自己的罪，參與了撒但的工作。好樹必結好果子，好行為固然不能換取救恩，但卻能顯示內心有信、有愛、有望。最後耶穌說，這些原則是基督徒人生的指南，不單要聽而且要實行，才能真正作祂的門徒。「所以，凡聽見我這話就去行的，好比一個聰明人，把房子蓋在磐石上。雨淋；水沖，風吹，撞著那房子，房子總不倒塌，因為根基立在磐石上。」

【註1】耶31：13　　【註2】耶19：7

32 迦百農的百夫長

人非有信，就不能得上帝的喜悅；因為到上帝面前來的人必須信有上帝，且信他賞賜那尋求他的人。來11：6

在基督身旁的許多人，總是為了奇蹟而來。祂曾對兒子得醫治的大臣說：「若不看見神蹟奇事，你們總是不信。」[註1]可是在迦百農的這位百夫長，信心比任何人都大。他全心相信救主的能力，甚至不要求主親自去行個神蹟。他相信單憑主的一句話，便能治好他的僕人。

百夫長的僕人患了癱瘓症，已經病入膏肓奄奄一息。當時在羅馬人中，僕人就是奴隸，是被人輕看的。但百夫長以仁愛待這僕人，希望可以治好他的病。他雖未見過耶穌，但耳聞主所行的一切，就鼓舞了他的信心。這位羅馬的百夫長，摒棄對猶太人種族上的仇恨和宗教上的偏見。他尊重並時常禮遇敬拜上帝的猶太人。他自覺不配祈求耶穌為他作任何事，所以託猶太人的長老代為求主醫治他的僕人。

耶穌一進迦百農，長老們便派幾位代表來迎接祂，並向祂說明百夫長的請求。他們說：「你給他行這事是他所配得的；因為他愛我們的百姓，給我們建造會堂。」耶穌就即刻前往他的家裡去，但因為多人擁擠，走得很慢。百夫長聽見主來的消息，便託人對主說：「主啊！不要勞動；因你到我舍下，我不敢當。」可是耶穌仍照樣去。最後他親自前來對主說：「我也自以為不配去見你，只要你說一句話，我的僕人就必好了。」他的信心令耶穌感到希奇，轉身告訴眾人：「這麼大的信心，就是在以色列中，我也沒有遇見過。」祂對百夫長說：「你回去吧！照你的信心，給你成全了。」就在那時，僕人的病得了痊癒。百夫長因覺得不配接受基督的恩典，他不靠著自己的良善，而以謙卑誠摯的心求主幫助。

每一個罪人，都應如此來到主面前。我們實在沒有什麼足以取得上帝喜悅的地方。我們必須放下自我，才能完全仰賴十字架。猶太人自幼熟讀先知的教訓和預言，卻執意拒絕真光。這位百夫長雖生在異教之邦，反而能夠真心接受上帝兒子的榮光。

在離迦百農外六十多里的高原上，有一村莊名叫拿因。耶穌帶著門徒與其他人一起往那城裡去。他們走近村子時，遇見一隊送殯的行列。隊伍中的人，號咷慟哭之聲響徹雲霄。死者是一個寡婦的獨子，可憐的母親連此生唯一的倚靠都失去了。主看見這寡婦就憐憫她，於是走到她身旁告訴她：「不要哭！」又上前去按著抬屍體的槓架，以清楚而帶有權威的聲音說：「少年人，我吩咐你，起來！」那死去的少年人便睜開眼睛，耶穌拉著他的手，扶他起來。那哀傷的母親驚喜交集，與死而復生的兒子緊緊相擁，送殯的行列頓時變成了凱旋的隊伍。周圍的人群在一陣驚訝後，將榮耀歸與上帝。這事就傳遍了猶太各地。

對於信賴祂的人，基督今日依然是一位活的救主。祂的權柄不會隨歲月而消逝，祂的恩典永遠取之不盡。耶穌將兒子交還母親時，憂傷變成喜樂，絕望轉為盼望。當上帝的兒子吩咐死人復活時，撒但的捆綁就被掙脫。耶穌所說的話使拿因的少年重得生命。同樣地，祂的話也能帶給我們新生命。凡相信並接受祂的人，必然得救。

【註1】約4：48

33 誰是我的弟兄？

凡遵行我天父旨意的人，就是我的弟兄姐妹和母親了。

太12：50

耶穌的兄弟們並不支持祂的工作。祂所行的種種奇事，反而令他們惶恐不安。他們又聽到法利賽人控告祂是靠撒但趕鬼，便深覺受了羞辱。耶穌大膽率直的言行，使他們感到困擾。於是決定要用説服或命令的方式制止祂的工作。他們又請母親馬利亞一同去勸阻耶穌。

在這之前，耶穌治好了一個被鬼附著又瞎又啞的人。法利賽人控告祂是靠撒但趕鬼，但基督很清楚的告訴他們，如果將聖靈的工作歸諸撒但，就使自己與賜福的泉源斷絕。凡故意拒絕聖靈工作的人，就置身於無法悔改與神隔絕的地步，上帝就不能再為他作什麼了。其實，法利賽人何嘗未曾聽見聖靈的聲音，他們知道主的教訓是從天而來的。只是高傲的心不容許他們承認自己的錯誤，便千方百計阻撓祂的工作。

上帝賜真光糾正人的錯誤，領他們走在安全的路上。人拒絕這光，就不知不覺地瞎了眼睛，硬了心腸。真光有時是藉著上帝的僕人、聖經或聖靈來到人的心內。如果對這一線真光置之不理，屬靈的知覺就會變得麻木，心靈的黑暗也就越深了。當時的

猶太領袖就是這樣投入撒但的網羅，從此受撒但權勢所支配。

基督警戒人不要干犯聖靈，又勸人不要口出惡言和說閒話。言語是代表心靈的聲音，不但能表現品格，而且有左右品格的力量。自大、猜疑、嫉妒、批評、無禮和虛假的話語，都能影響一個人的性情、習慣和品格。耶穌說：「凡人所說的閒話，當審判的日子，必要句句供出來；因為要憑你的話定你為義，也要憑你的話定你有罪。」

一個人滅亡，不單是由於他抗拒聖靈，也是由於自己的疏忽。祂比喻說污鬼被趕離人身後找不著安歇之處，看到人心房還是空閒著，便帶著七個比自己更惡的鬼，一同回去居住。人在脫離撒但之後，如果不讓基督進入心中居住，撒但還是會捲土重來，變本加厲地使他完全被罪惡所控制。當人歸向基督時，就有新的能力來支配他的新心。這種改變是一種超自然的工作。如今善與惡仍然不停地爭奪世界的主權，若不讓基督主宰我們的心思意念，就無法抵禦罪惡的誘惑和侵略，終會被惡勢力所征服，而且情況比先前更糟。猶太人拒絕耶穌，犯了褻瀆聖靈的大錯。今日我們也可能拒絕基督慈愛的邀請，犯下同樣的錯誤。

耶穌還在教訓人的時候，門徒來告訴祂，母親和兄弟們站在外邊，要與祂談話。耶穌知道他們的來意，便回答說：「誰是我的母親？誰是我的弟兄？」又指著門徒說：「看哪，我的母親，我的弟兄。凡遵行我天父旨意的人，就是我的弟兄姐妹和母親了。」耶穌在地上的家人誤會曲解祂的工作，時常以言語和行為傷祂的心。即使是主的親屬，亦得不到從天而來的福氣。反而拉撒路、馬利亞和馬大的家是主所喜歡去的地方。祂在那裡得到安慰與鼓勵。那些因跟從耶穌而遭受家人唾棄的人，若想到祂曾受同樣的苦，心中必得著安慰。凡接受基督為救主的人，必不至被撇下為孤兒，獨自應付人生的考驗。基督必接受他們成為天上家庭的一分子，祂必眷佑保守他們。

照古時以色列人所定的律法，若有一個希伯來人因貧窮而變賣祖業淪為奴隸，他至近的親屬必須負起替他贖身和贖回家產的責任。同樣地，基督為了從罪中贖回作罪人的你我，甘願成為我們的親人和我們的救主。祂說：「你不要害怕！因為我救贖了你。我曾提你的名召你，你是屬我的。」[註1]既然我們成為上帝家裡的一員，豈不應當更加愛上帝愛人嗎？

【註1】賽43：1

34 救主的邀請

所以，我們只管坦然無懼地來到施恩的寶座前，為要得憐恤，蒙恩惠，作隨時的幫助。來4：16

耶穌對跟從祂的眾人說：「凡勞苦擔重擔的人可以到我這裡來，我就使你們得安息。我心裡柔和謙卑，你們當負我的軛，學我的樣式；這樣，你們心裡就必得享安息。因為我的軛是容易的，我的擔子是輕省的。」不論人有沒有察覺，罪人的肩上都壓著罪的重擔。當時的拉比和法利賽人，只注重虛偽拘泥的宗教形式，人們的心裡滿懷憂愁和空虛。耶穌對他們如此說，乃是要卸除這重擔，要他們在主裡得到安息。

救主親自來到世間，經歷了人生的喜怒哀樂，所以祂知道我們的軟弱，明白我們的需要。你受試探時，祂必拯救你。你軟弱時，祂必加添你力量。你愚昧迷惑時，祂必開導你。你受創傷時，祂必醫治你。祂的呼召是「到我這裡來」，你儘可將一切掛慮帶到主面前，祂必為你開路，帶你走出困境。這個得到安息的方法是人人都可獲得的。

軛是服務的工具。人把軛放在牛身上，使牛可以耕作。主要我們背負祂的軛成為祂的同工。這肩上的軛乃是指上帝神聖的律法。它使人為主作工、服從上帝的旨意。如果人隨心所欲，照自己的意思行事，勢必落入撒但的掌握而迷失方向。上帝的旨意是崇高尊貴、引人向上的。人唯有遵行祂的律法，才能照著上帝的旨意行。

現今有許多人揀選了屬世的工作，飽受世俗的憂慮，染上世俗的風氣，於是人生充滿煩惱、自私、慾望和痛苦。主要我們卸下這個罪的重軛，接受祂輕省容易的軛。主應許若先求上帝的國和祂的義，今生所需要的一切，祂都必賜給我們。天父能夠看透起初與未來，祂有數不盡的方法可以幫助我們。只有將一切交託給祂，心中才能得享安息。

基督的心與上帝是完全和諧的，我們必須學習祂的柔和謙卑，內心才會得平安。使人得不到平安的，乃是專愛自己的心。我們若以耶穌的心為心，就不會再沉迷於追求名利的事，而是坐在主腳前，學習祂的樣式。我們工作的價值，並不是在乎於自己的本事或熱心，而是在乎於聖靈澆灌的多少而決定的。當我們的意志完全符合上帝的旨意，並且用祂的恩賜去造福人群時，我們就發覺人生的擔子輕省許多。因為祂的軛是輕省的。

有耶穌同在，我們便不再被世間的煩惱與憂愁所困。當主的安息進入我們心中時，天國從此就開始了。我們與主同行，祂的愛就充滿我們，使我們領受天上的福樂、榮耀與安息。這是何等可貴的邀請啊！

35「住了吧！靜了吧！」

他使狂風止息，波浪就平靜。風息浪靜，他們便歡喜；他就引他們到所願去的海口。詩107：29、30

耶穌在加利利海邊講了幾個比喻，向眾人解釋祂國度的性質和建立的方式。祂以撒種比喻自己的工作，以芥菜種和發酵的麵團比喻天國的發展。祂又用稗子和撒網的比喻描寫義人和惡人的分別，用隱藏的財寶和重價的珍珠説明真理的可貴；又以家主的比喻教導門徒如何為祂效力。當祂度過這繁忙的一天，到了傍晚日暮，疲倦不堪之時，便決意到對岸找個僻靜的地方休息。

祂遣散眾人，便帶著門徒踏上漁船，開往革尼撒勒湖的東岸。許多跟隨耶穌的人也跟著上了其他漁船，想再聽祂講道。身心疲憊的救主在船尾躺下睡著了。那是個天氣晴朗、風平浪靜的夜晚。不料忽然狂風四起、烏雲密佈，暴風掀起的怒濤，猛烈的衝擊著船隻。就連這些習慣與風浪搏鬥的漁夫們也技窮而一籌莫展。他們拼命想救自己的性命，竟忘了耶穌也在船上。在最後絕望無助之際，才想起了唯一的希望——耶穌。他們一再呼叫救主的聲音，被淹沒在狂風的怒吼中。在黑暗中只見夫子安然沉睡，絲毫未受翻騰的巨浪所驚動。於是大聲喊著：「夫子！我們喪命，你不顧嗎？」

正當他們準備再與怒海作最後搏鬥之時，耶穌起來了。祂站在門徒的中間，舉起手說：「住了吧！靜了吧！」狂風立刻止息，海浪亦恢復平靜，天上的星星閃爍在夜空中。耶穌轉身問門徒：「為什麼膽怯？你們還沒有信心嗎？」門徒們默不作聲，主的一句話使風暴化為寧靜。那些跟著主的漁船，也經歷了這次的風浪，見證主的大能。他們彼此低聲問：「這到底是誰，連風和海也聽從他了。」

耶穌平靜風浪時，心裡毫不畏懼。祂所依恃的是天父的權能。耶穌怎樣信靠上帝的能力，我們也當怎樣依賴救主的眷佑。當試探的暴風颳來，苦難的浪濤漫過我們時，我們是否時常靠著自己的力量獨自掙扎，而忘記有一位能拯救我們的主就站在我們的身旁？是否等到希望幻滅、全無生機的時候才想起耶穌？儘管如此，主還是願意搭救求告祂的人。我們若對祂有十足的信心，必能安然渡過人生的苦海。

耶穌和隨行的人在清晨時分上了岸。迎面看見兩個可怕的瘋子，從墳場向他們衝來。這兩個人模樣可怕，是被鬼附著的。門徒和同行的人見此便落荒而逃，只有耶穌仍站在那裡，用權柄吩咐污鬼，從這二人身上出來。污鬼卻藉著他們的口大聲呼叫：「至高上帝的兒子耶穌，我與你有什麼相干？我指著上帝懇求你，不要叫我受苦！」耶穌問他名叫什麼，他回答說：「我名叫『群』，因為我們多的緣故。」有一群豬在附近山坡上，鬼就央求主，讓它們進入豬群裡，附著豬去。耶穌准許了。污鬼便出來，附到豬的身上，那群豬就闖下山崖，投進海裡淹死了。

於是有光照進這兩個曾被鬼附著的人，他們的眼中出現理性

的目光，兇殘的面容變成溫馴，便以歡樂的聲音讚美主。放豬的人目睹這一切，就將這事告訴主人和其他的人。他們知道以後，便出來迎見耶穌，看到這兩個人已經穿上衣服、恢復理智地坐在耶穌的腳前。這些人不但沒有替這二人高興，反而求耶穌離開他們。他們所在意的是金錢上的損失，並懼怕災禍臨頭。耶穌答應了他們的要求，立刻上船往對岸去。臨走前這兩個被治好的人要求跟隨祂同去，但主卻吩咐他們回家，把主為他們作的事告訴他們的親友。於是他們成為活生生的見證，四處向人宣揚奇妙的救恩。這兩個曾被黑暗之君掌管的人，反成了傳播真光的使者。福音的門戶就在那一帶地方打開，引領多人接受上帝的恩典。

36 信心的撫摸

當趁耶和華可尋找的時候尋找他，相近的時候求告他。 賽55：6

耶穌從格拉森回到加利利海西岸，看見有一大群人在那裡等候著祂。便在海邊停留一些時候，教訓和醫治人。隨後到利未馬太的家裡，與稅吏們一同坐席用餐。一位管會堂的，名叫睚魯的猶太長老，前來俯伏在祂的腳前說：「我的小女兒快要死了，求你去按手在她身上，使她痊癒，得以活了。」耶穌立時跟他同去。由於門徒們和許多人一同前往，走得很慢，而且途中又不斷停下醫治安慰有需要的人。所以當他們還在路上時，便有人送信說，你的女兒已經死了，何必勞動先生呢？耶穌告訴睚魯：「不要怕，只要信！你的女兒就必得救。」

到了睚魯家，已有多人在舉哀弔喪，一片哭嚎和哀悼聲，十分嘈雜。耶穌對他們說：「為什麼亂嚷哭泣呢？孩子不是死了，是睡著了。」眾人並不相信祂的話。但主吩咐他們都出去，只和孩子的父母、彼得、雅各、約翰三個門徒進入停放屍體的內室。祂走到床邊，拉著孩子的手，呼叫說：「閨女，我吩咐你起來！」孩子便立刻起來了。她的父母抱著她喜極而泣。

當耶穌前往睚魯家時，有一個患了十二年血漏的婦人擠在人群裡。醫生說她的病無藥可救，但她聽說主能醫病，心中就燃起

一線希望。她在人群中無法接近耶穌，正感絕望時，見耶穌走過來，心裡暗想：「我只摸他的衣裳，就必痊癒。」在基督經過時，她伸出手摸到祂的衣裳繸子。她立刻得到醫治，先前的疾病痛苦完全消失了。這婦人心存感激地悄然退下，但耶穌突然停下來，轉身問：「摸我的是誰？」彼得說：「夫子，眾人擁擁擠擠緊靠著你，你還問摸我的是誰嗎？」耶穌說：「總有人摸我，因我覺得有能力從我身上出去。」

救主能從眾人的擁擠中分辨出信心的觸摸。對這樣的信心，主必不輕易放過稱許的機會。婦人知道無法隱瞞，只好站出來承認此事。耶穌安慰她說：「女兒，你的信救了你，平平安安地回去吧！你的災病痊癒了。」這婦人得醫治，不是因那表面的觸摸，乃是因為她對救主的信心。使人得救的不是單憑理性上贊同真理，而是真正相信並領受。耶穌醫好婦人之後，讓她在眾人面前承認所領受的恩惠。上帝要我們述說祂所賜下的福惠，彰顯祂的慈愛與大能。每一個人都應帶著自己親身所經歷的見證，來榮耀讚美祂。

當十個長大痲瘋的人來向主求醫時，耶穌吩咐他們去把身體給祭司察看。在他們得潔淨之後，只有一人回來感謝祂，其餘的都各自回去，竟忘記了醫治他們的主。如今也有多少人蒙了主恩卻又忘恩負義。時常數算主恩，對我們最有益。因為這樣能增強對主的信心，使上帝的恩典更加豐富地鼓勵我們。當像以色列人立石為證一樣，時常記念上帝的仁愛與豐盛的恩惠。我們就會滿心感謝地說：「我拿什麼報答耶和華向我所賜的一切厚恩？我要舉起救恩的杯，稱揚耶和華的名。我要在他眾民面前向耶和華還

我的願。」[註1]

【註1】詩116：12－14

37 第一批傳道人

耶穌叫了十二個門徒來，給他們權柄，能趕逐污鬼，並醫治各樣的病症。 太10：1

耶穌的十二個門徒每天和祂同進同出，走遍加利利各地。每當眾人簇擁在祂周圍時，門徒也從旁協助，以減輕祂的辛勞。他們把從主那裡學習而得的與人分享，並獲得寶貴的經驗。祂每天親自教導，加強他們的信心，預備好接受上帝的使命。耶穌將他們分成兩人一組，到各城各地去。他們彼此幫助、互相勉勵、共同磋商、一起祈禱，彼此截長補短。後來主又用此方法，差派了七十人出去。傳福音的使者若能如此同心合力，必能興旺上帝的工作。

門徒所傳的信息，與施洗約翰和耶穌所傳的相同。他們奉主的名廣行善事，為人服務。依照主的吩咐：「你們白白地得來，也要白白地捨去。」在耶穌傳道期間，祂醫治病人的時間比講道還多。無論到何處，祂都將慈愛與平安帶給眾人。猶如一道活水，散佈生命與喜樂。跟從基督的人，要像祂一樣：使飢餓的人得飽足，赤身的人得溫暖，憂傷的人得安慰，灰心的人得希望。從無私的服務上，顯出基督的愛。

耶穌第一次差派門徒出去，叫他們只到「以色列家迷失的羊那裡去。」如果在這時傳福音給外邦人，勢必引起法利賽人的不悅，因而失去在猶太人中間的影響力。如果猶太人肯接受福音，他們也可成為傳福音的使者，參與上帝的工作。門徒第一次的行程，就是要到耶穌以前去過的地方。主吩咐他們以樸素的裝束，到各家各戶探訪。進入誠心接待他們的人家中，以祈禱、讀經和讚美的歌聲使人蒙福。遇到不接受的人，亦不用灰心喪志。上帝無所不能的力量，必幫助凡信靠祂的人。

耶穌又告訴他們：「我差你們去，如同羊進入狼群；所以你們要靈巧像蛇，馴良像鴿子。」註[1]他們要與真理的仇敵進行爭戰，不僅對付人，還要對付撒但和他的代表。上帝要以神聖的盔甲給他們披戴，聖靈也必感化他們的心思意念，讓他們能夠以機智和溫柔，為真理作最有效的見證。上帝的僕人應當時刻仰望基督，學習祂的智慧。

主又繼續教導門徒要「防備人」：不可完全信任那些不認識上帝的人。不可接受屬世之人的指揮。亦不可讓撒但的使者有可乘之機。耶穌又說門徒們會為傳福音而受逼迫，甚至被帶到諸侯君王的面前受審。他們要藉此機會，為真理作見證，將真光傳給他們。而且「到那時候，必賜給你們當說的話。」基督的僕人若每天切心追求認識上帝和耶穌、勤讀聖言、親身經歷恩典，必在適當的時機，受聖靈的指引，想起祂的話來。主又囑咐他們，不要輕易置身於逼迫之下。遭人逼迫或拒絕時，應避開危險往別處去，繼續救人的工作。但在必要或無可選擇時，還是要勇敢的表明自己的信仰，不畏強權，不怕艱難，不以妥協換取和平。

撒但切望使人心中對上帝充滿疑懼，他先誘人犯罪，然後使

人覺得不配得到饒恕。但是耶穌要我們知道天父是如何的看重每一個人，就連一隻麻雀落在地上，祂都在意，祂更不會忽視人的每一聲嘆息、每一點痛苦和每一個需求。耶穌說：「凡在人面前認我的，我在我天上的父面前也必認他。」每一個承認主的人，有資格享有永生的榮耀和喜樂。

耶穌指出，信主之人有時亦會遭自己家人的反對或親友的疏遠。這是最難忍受的試煉，但祂說：「愛父母過於愛我的……愛兒女過於愛我的……不背著他的十字架跟從我的，不配作我的門徒」[註2]。作基督的僕人，乃是最光榮的使命，最神聖的委託。人若接待為主工作的人，便是接待主，必蒙上帝賜福。這應許，也包括上帝家庭中最軟弱卑微的小孩子。「無論何人，因為門徒的名，只把一杯涼水給這小子裡的一個喝，我實在告訴你們，這人不能不得賞賜。」[註3]

【註1】太10：16　【註2】太10：37、38　【註3】太10：42

38 同我去歇一歇

你們要休息，要知道我是上帝！詩46：10

門徒們傳道回來，就到耶穌那裡，將一切所作的事和所傳的道，都告訴祂。門徒們與主的親密關係，使他們毫無顧慮的向祂陳述所有順利和不順利的經驗。從這些經歷中，祂知道此時他們最需要的是休息。然而因為來往的人多，他們連吃飯的工夫都沒有。人們跟著耶穌，有的想得醫治，有的想得安慰，有的想得教導，祂沒有片刻休息的時間。

但是主渴望能夠退出人群，與門徒團聚，除了讓他們的身心好好得到休息之外，也可以安靜專心地聽從祂的指導。於是耶穌帶他們到僻靜的曠野歇息，正如摩西在西乃曠野、大衛在猶太山間、以利亞在基立溪旁一般，要讓他們在大自然中聆聽主的聲音。上帝是滿有憐憫的上帝，祂不願人工作過度而影響身體的健康。再者，門徒初次看到自己的工作成功，不免心生驕傲，歸功於自己，以致陷入撒但所佈下的試探中。耶穌要他們明白他們的力量不是出於自己，乃是出於上帝。

門徒出外傳道的時候，耶穌亦訪問其他的城鎮和鄉村，宣揚天國的福音。約在此時，傳來施洗約翰去世的噩耗。約翰的門徒悲痛地將他的屍首安葬墳地後，便將此消息告訴了耶穌。以前他們曾經懷疑、嫉妒祂，甚至幫法利賽人為難祂。如今夫子死了，他們渴望在沉痛的悲傷中，能夠得著主的安慰。

於是耶穌就帶著這些門徒們坐上船，前往離伯賽大不遠，靠湖北岸的一個幽靜之處退修。他們聚集在此，一起談論上帝的工作和提高工作效率的方法。主親自教導、矯正、啟發和勉勵他們，使他們重得希望和勇氣。今日主亦對祂的工人說：「你們來……歇一歇。」人長期生活在緊張工作的壓力之下，對健康是有害無益的。因為這樣勢必忽略個人的靈修，過分使用身心的力量，而無暇與上帝親近。作基督的門徒必須克己犧牲，但不能過度疲累，導致身體和靈性受損。

人在從事聖工獲得成功時，就容易有倚靠自己的危險，並有少作禱告、信心漸失的傾向。我們固然要為救人的工作熱心事奉，但亦必須抽出時間默想、祈禱和研究上帝的話。耶穌雖然肩負重任，工作繁忙，然而祂時常祈禱。聖經中多處記載祂上山禱告、整夜禱告或到曠野禱告。耶穌常不住地禱告而得著力量，祂與上帝交通，就能卸掉那折磨祂的憂慮，得到安慰和喜樂。

主說「你們來」。今日如果我們願意到耶穌面前來，陳述心中一切的需要，接受祂的鼓勵和教導，必能成就更大的工作。凡受上帝訓練的人，應該顯出與世俗不同的生活和品格。我們必須安靜的在祂面前等候，傾聽祂對我們的心說話。惟有在基督裡，我們才能獲得真正的安息。也只有這樣，人在繁忙緊張的生活中，仍然有平安和喜樂。

39 「你們給他們吃吧！」

我是從天上降下來生命的糧；人若吃這糧，就必永遠活著。

約6：51

基督和門徒退到一個僻靜的地方去，但是眾人看不到神聖的教師便開始尋找祂。有些人曾看見耶穌和門徒離開的去向，便分成水陸兩路去找祂。那時逾越節已近，從各處到耶路撒冷朝聖的人，成群地來見耶穌。人越來越多，除了婦孺之外，竟有五千多人在岸上等著祂。耶穌上岸時，並未被人群發現，就與門徒上了山。從山邊望著遠處的人山人海，不禁起了同情之心。祂看到眾人的需要，就「憐憫他們，因為他們如同羊沒有牧人一般。」祂離開退隱的地方，找到一個合適的地點，便在那裡教訓和醫治這些人。眾人靜聽由祂口中所發出的慈愛恩言，猶如基列的乳香般滋潤人心。祂聖手的醫治之能，為患病受苦的人們帶來希望和康復。這一日好似天國臨到人間，大家竟然都沒有吃東西。耶穌也忙了一整天，覺得勞累和飢餓。

門徒來到主前，請祂停止工作，並主張遣散人群，讓他們回家或到城中進食。但耶穌說：「你們給他們吃吧！」又轉身問腓力：「我們從哪裡買餅叫這些人吃呢？」祂說這話乃是要試驗腓力的信心。腓力認為這是多麼不可能的事啊！便回答說：「就是二十兩銀子的餅，叫他們各人吃一點也是不夠的。」耶穌問他們中間共有多少餅？安得烈說：「在這裡有一個孩童，帶著五個大麥餅、兩條魚，只是分給這許多人還算什麼呢？」耶穌吩咐他們將這五餅二魚拿過來，又叫門徒編排人群，五十或一百一排的坐在草地上。然後主拿起餅來，向天祝福後，擘開餅和魚，遞給門徒分派給眾人吃。就這樣餵飽了每一個人，而且將剩餘的魚和餅收拾起來，裝滿了十二個籃子。

基督所行的每一個神蹟，所做的每一件奇事，都是為應付實際的需要，並且引領人到生命樹下得蒙神恩。魚和大麥餅是加利利海邊漁夫的家常便飯。主以極平常簡單的食物，滿足了五千多人的需要。假使今日世人能簡化他們的生活習慣，尤其在飲食方面，盡量保持簡單而合乎自然的規律，便有更多的機會能遵行上帝的旨意。救主不以奢侈生活吸引人，也沒有應許跟從祂的人得到世間的榮華富貴，但祂保證會供給我們的需要，並會親自與我們同在，使我們身心得飽足。

耶穌在餵飽五千人的事上，揭開了一個自然界的奧秘。農人雖耕地撒種，但使種子發芽成長的生命是從上帝而來的。祂賜下雨露、空氣和陽光，使五穀生長，日復一日，從不間斷。我們看見田間的莊稼成熟，豈不是上帝施行神蹟的最佳明證嗎？上帝讓人參與農耕生息的工作，與我們分享祂大能作為的榮耀。

眾人吃飽之後，還有許多剩餘的食物。主吩咐門徒把剩下的零碎收拾起來，免得有蹧蹋的。祂不但教我們不可浪費，而且不可忽略能使人得益處的資源。凡能濟助世人的，都要收拾起來。在屬靈的事上，也當如此盡心。他們將零碎的裝滿一籮筐後，分給熱心的群眾，將基督祝謝過的餅，帶回去與親友共享。凡領受過永生之糧的人，應將靈糧分贈他人，將所得到的恩惠，重複敘述，使飢餓的心靈得著滿足。門徒是基督與眾人之間的媒介，我們也應當將從基督那裡所領受的，分給別人。給人越多，自己領受的也越多。

分餅的神蹟，給人一個依靠上帝的教訓。起初食物並不在主的手上，祂兩手空空，沒有什麼東西可以使用。但祂全心信靠天父必能供應眼前的需要。我們遭遇困難時，也當依靠上帝。不可忽略上帝所預備的恩典，或妄用祂所賦予我們的才能。基督的工人，不應當以自我為中心，必須絕對服從祂的指示。我們為上帝工作時，常會過於依賴人的才幹和能力，或者沒有認清自己的責任，而把擔子推給組織。我們應當盡到個人的本分和努力，不要將責任推卸給比你更有才幹的人，要盡力完成主的聖工。即使我們所擁有的人力財力似乎不足以應付工作的需要，但若能憑信前進，伸手去領受，上帝必敞開豐富的恩典與資源，使我們不單自己得飽足，也將生命的餅與人分享。

第5卷 黑影開始下降

40 湖上的一夜

你不要害怕！因為我救贖了你。我曾提你的名召你，你是屬我的。你從水中經過，我必與你同在；……因為我是耶和華——你的上帝，是以色列的聖者——你的救主。 賽43：1—3

在這個春天的傍晚，眾人坐在草原上，吃基督為他們所預備的食物，聽祂所說的教訓，看祂所行的醫治。這分餅的神蹟格外振奮人心。他們相信長久所等候的拯救者已來到他們中間，將要推翻羅馬政權，征服列國，建立猶太人的王國。眾人滿腔熱忱地要擁立耶穌為王。門徒們也加入他們，準備用勉強的手段，將祂推上王位。他們熱切的佈署一切，卻不明白這種舉動會帶來什麼後果。主知道如此發展下去，勢必引發暴動或叛亂，因而阻礙屬靈的救贖工作。於是祂叫門徒來，吩咐他們立刻坐船回迦百農去，自己則留下來遣散眾人。

門徒向來擁戴夫子，希望祂登上以色列的王位。看到這個千載難逢的機會，耶穌竟要他們離開，心中實在不願意。但耶穌用權威的口吻命令他們，門徒們就只好走向海邊去。耶穌隨即又命令眾人散開，祂的態度堅決，他們不敢不從。眾人散去之後，耶穌獨自上山禱告，祈求天父賜祂能力，向世人顯明祂使命的神聖性質。祂知道自己在世傳道的工作即將結束，看到還有多人未接受這福音，就懇切地為門徒祈求。祂心裡負著沉重的擔子，在上帝的面前流淚懇求。

門徒在海邊等候片時，希望主來與他們會合。等到天色已晚，就上了船，往迦百農去。當時他們心中充滿懷疑、不服和埋怨。他們怪自己未能堅持己見，輕易放棄這大好時機。虛榮心和不信的念頭，蒙蔽了他們的心思意念。腦海裡所浮現的，不是剛才親眼目睹的神蹟，乃是無數的「為什麼」。這時他們完全忘記先前的信心和希望，取而代之的是失望和疑慮。於是上帝讓他們置身另一個經歷中，以改變他們的心思。

原是晴朗的天氣，驟時狂風侵襲，巨浪翻騰。在毫無準備的情況下，令人感到驚惶害怕。他們無暇再去想這些煩惱的事，人人都得盡力與海浪搏鬥。最後他們筋疲力盡，只好坐以待斃。耶穌並沒有忘記他們，祂一直在旁注視著他們如何與風暴爭鬥。在狂風與黑暗的海面上，門徒體會到自己的無能和無助。他們多麼渴望有夫子同在。當他們克服自私的意念，消除不聖潔的奢望而謙地祈求幫助時，幫助就來了。他們忽然看到一身影，在海面上向他們走來。門徒以為見鬼了，嚇得喊叫起來。耶穌說：「是我，不要怕！」當他們認出這人影原來是耶穌，就欣喜若狂。彼得說：「主，如果是你，請叫我從水面上走到你那裡去。」耶穌對他說：「你來吧。」

彼得看著耶穌，就安穩的行走在海面上。當他自鳴得意的回頭向同伴逞能時，便將視線轉離救主。在風飀浪急的海上，他信心動搖了，便覺得身體開始往下沉，心中更是害怕。就在即將被巨浪吞沒時，彼得轉向耶穌說：「主啊，救我！」耶穌趕緊伸出

手來拉著他，說：「你這小信的人哪，為什麼疑惑呢？」於是耶穌和彼得一同回到船上。主藉著這次履海的經驗，使一向愛誇口的彼得清楚地看到自己的短處，來教導彼得倚靠祂的重要。

我們不也和彼得一樣嗎？自恃而不願倚靠上帝的人，必被試探所勝。也許我們現在自以為在信仰上站立得穩，不覺得自己有軟弱，因此讓撒但有趁虛而入的機會。惟有認清自己的不足，目不轉睛地仰望耶穌，才能安然地走人生的道路。耶穌一上船，風就止住，船就開往他們所要去的地方。這時恐怖之夜已過，黎明的曙光在天邊破曉了。門徒和船上的人，滿心感謝地俯伏在主的腳前，說：「你真是上帝的兒子了。」

41 加利利的危機

屬血氣的人不領會上帝聖靈的事，反倒以為愚拙，並且不能知道，因為這些事惟有屬靈的人才能看透。 林前2：14

當基督不讓眾人擁祂為王時，祂就知道這是祂一生的轉捩點。許多人因希望落空而對祂反目成仇。耶穌早知道這將要發生的一切，並沒有刻意避免這個危機，祂亦從來沒有給跟從的人屬世報酬的承諾。祂甚至說：「狐狸有洞，天空的飛鳥有窩，人子卻沒有枕頭的地方。」[註1]當時跟從主的人中，有許多是抱著屬世的目的而來的。耶穌不能接受這樣的事奉，必須使他們從錯誤中覺醒。

分餅的神蹟傳遍遠近各地，第二天清早，便有成群的人到伯賽大找祂。既找不著，又往迦百農去找。耶穌到革尼撒勒（加利利），正往會堂裡去時，人們就找到了祂。門徒將前一晚在海上的經歷告訴大家，但他們仍不知足，希望從主口中再聽一次神蹟的詳細經過。耶穌憂傷地說：「你們找我，並不是因見了神蹟，乃是因吃餅得飽。」他們尋找耶穌，只想再得到一些好處或物質上的利益。祂說：「不要為那必壞的食物勞力，要為那存到永生的食物勞力。」人不要專為今生打算，要追求那永存不朽的智慧。

聽眾問祂：「我們當行什麼才算做上帝的工呢？」其實他們的問題是：我們該作什麼，才配進天國。耶穌回答：「信上帝所差來的，這就是做上帝的工。」信賴耶穌，才是進天國的途徑和得永生的代價。但是這些人依然懷疑祂的使命，有一個拉比傲慢的問：「你行什麼神蹟，叫我們看見就信你；……我們的祖宗在曠野吃過嗎哪，……」耶穌明白的告訴他們：「那從天上來的糧不是摩西賜給你們的，乃是我父將天上來的真糧賜給你們。」眾人仍然以為主所指的是肉體的糧食，所以求祂賜這糧給他們。耶穌卻說：「我就是生命的糧。到我這裡來的，必定不餓；信我的，永遠不渴。」又加上一句：「你們已經看見我，還是不信。」一個存心不信的人，他總可以找到懷疑的藉口來反駁最具體的證據。

基督對那些頑固的人說：「到我這裡來的，我總不丟棄他。……因為我父的意思是叫一切見子而信的人得永生，並且在末日我要叫他復活。」這番話得罪了民眾的領袖，因為他們不信出身寒微的木匠是從天而來的。耶穌的言行激起他們的仇恨之心。祂並沒有因此停止講論，繼續告訴他們：「你們的祖宗在曠野吃過嗎哪，還是死了。……我是從天上降下來生命的糧；人若吃這糧，就必永遠活著。我所要賜的糧就是我的肉，為世人之生命所賜的。」在此祂明白的表達了自己拯救世人的使命。

這時適逢逾越節，猶太人將在耶路撒冷慶祝，並記念古時在埃及蒙救贖的那一夜。這些飽讀經卷預言的拉比們，不願承認真理，並怒吼著說：「這個人怎能把他的肉給我們吃呢？」基督就用堅定的語氣說：「……吃我肉、喝我血的人就有永生，在末日我要叫他復活。……永活的父怎樣差我來，我又因父活著；照樣，吃我肉的人也要因我活著。」按照猶太人的儀文律法，他們是不可喝血的，於是便認為祂說褻瀆的話，連門徒中也有不少人不能接受這些話，他們說：「這話甚難，誰能聽呢？」

世人的生命乃基督所賜，而基督的話語就是生命。耶穌藉著祂的話語治病趕鬼、平靜風浪、並使死人復活。惟有將信仰建立在上帝的話語上，才能得到力量的泉源。肉體的生命是靠食物維持，而屬靈的生命卻是靠上帝的話維持。各人必須親自從上帝的話中領受生命，反覆思考每一節讀過的經文，才能領會其中的旨意。

耶穌吩咐門徒們要柔和謙卑，全然獻身於主。因為要得天國賞賜，就必須走那「多受痛苦，長經憂患」的主所行的窄路。這時，那些為利己而跟從耶穌的門徒，便再也無法忍受此考驗。當他們的罪被揭發時，就老羞成怒轉身背祂而去，不再與主同行。謠言很快地傳開，說拿撒勒人耶穌親口承認自己不是彌賽亞。加利利人隨著輿論而改變心意，也來反對祂。

耶穌雖然對離開的門徒心有不捨，但沒有攔阻他們離去。祂轉身問那十二個門徒說：「你們也要去嗎？」彼得回答：「主啊，你有永生之道，我們還歸從誰呢？我們已經信了，又知道你是上帝的聖者。」[註2]這些門徒跟從主之後所得到的平安與喜樂，遠勝過從前的生活。他們知道自己離不開祂仁愛和恩慈的教誨，便決定永遠追隨主。其實耶穌已預知他們將來要受的苦難和逼迫，所以耶穌藉著提出具有試驗作用的真理，使那些貪愛世俗、不願真心跟隨祂的人轉身離開祂去了。免得到了黑暗的時辰，連累這些忠心的門徒一同跌倒。經過這次磨煉，主更加堅固他們的信心，預備他們迎接那更大的考驗。

【註1】太8：20　　【註2】約6：68、69

42 古人的遺傳

我們若遵守他的誡命，就曉得是認識他。約壹2：3

文士和法利賽人預料在逾越節時能見到耶穌，就佈下網羅陷害祂。但耶穌知道他們的陰謀，沒有去過節。於是他們到耶穌那裡聚集，想要找把柄控告祂。他們還是像過往一樣，以不遵守古人遺傳的儀文條例來責難耶穌。在他們看來，拉比的規條比上帝的律法更神聖。在各種禮節中，又以清潔的禮儀最為嚴格。吃飯前若忽略這些應守的禮節，則犯了大罪，今世來生都要受刑罰。而除滅犯這罪的人，便算可敬的美德。有關潔淨的條文，多得不可勝數。那些誠實遵守教條的人，必須從事毫無意義和永無休止的洗濯。

基督和門徒並沒有遵守這些洗濯的儀式，拉比所派的奸細就抓住這一點作為控告的根據。他們不敢直接攻擊耶穌，只敢在眾人面前批評說：「你的門徒為什麼犯古人的遺傳呢？因為吃飯的時候，他們不洗手。」每逢真理感動人心時，撒但總是費盡心思，讓瑣碎的問題混淆人的注意力。在善工發動時，常會有吹毛求疵的人乘機而入，引起不必要的爭論，誤導人的思想。其實我們最該關注的是：我們是否以得救的信心，信賴主耶穌？我們的人生，是否與上帝的誡命相符合？

耶穌沒有刻意為門徒辯護，只舉了一個例子讓他們思考。祂提到根據摩西的律法說「當孝敬父母」，但如今他們倒可以將奉養父母的銀錢，獻給聖殿作為捐獻。只要聲明自己的財產已作「各耳板」（即供獻的意思）之用，便不需奉養父母，這錢可留為己用，直到死後才充作聖殿的公產。這些假冒為善的人，藉事奉上帝的名義，任意虧負父母。這種熱心，無非是一種偽裝。耶穌引用以賽亞說的話譴責他們：「這百姓用嘴唇尊敬我，心卻遠離我；他們將人的吩咐當作道理教導人，所以拜我也是枉然。」[註1]拉比們把自己的規條放在上帝的誡命之上，無異於將自己抬舉高過上帝。

基督又說：「入口的不能污穢人，出口的乃能污穢人。」等眾人離去後，耶穌對門徒更進一步的解釋這個問題。外表的儀式不能改變人心，真正污穢人的是邪惡的行為、言語和思想。門徒看見那些奸細動怒，又聽見人們對主的談論不滿，就問祂是否知道法利賽人的不服。耶穌回答說：「凡栽種的物，若不是我天父栽種的，必要拔出來。」拉比在民間的權勢無論多大，總不能勝過上帝的試驗。人用來代取上帝誡命的巧計，都必歸於無用。

今日亦有許多基督徒以種種人為的制度和習慣，取代上帝所訂立的制度。以拘守規條、尊重習俗為名，忽視或曲解上帝的誡命。對於指出他們錯誤的，反存仇恨之心。上帝吩咐我們接受永生之父、天地之主的話，不要隨意聽從世人的威權風俗或遺傳。只有如此，真理與錯誤才不致於被混為一談。

【註1】太15：8、9

43 消除種族的歧視

眾人同有一位主；他也厚待一切求告他的人。因為「凡求告主名的就必得救」。羅10：12、13

耶穌和法利賽人辯論完後，就離開迦百農，經過加利利，往腓尼基邊境的山地去。從這裡向西望去，可以看見山下大平原上的兩座古城——泰爾和西頓。城裡有異教的廟宇、壯麗的宮殿、繁盛的市場，臨近有停滿船隻的漁港。再看遠處，便是碧綠的地中海。將來福音的使者要渡過這大海，把大喜的信息傳到羅馬帝國去。然而當前基督的工作，乃是預備門徒可以擔負傳福音的使命。祂到這裡不單是休息，還有另一個目的。

有一位迦南婦人，聽見這位醫治百病的耶穌來到這裡，便到主腳前俯伏在地，呼喊說：「主啊，大衛的子孫，可憐我！我女兒被鬼附得甚苦。」她是個異教徒，不能享有猶太人的權利。當她聽見耶穌的大能時，決心不顧一切的前來求祂醫治女兒的病。她曾經求告邪神，並未見效，心中對這位猶太教師的能力不免有些懷疑。但她愛女心切，並聽說凡向主求助的人，不論貧富，祂都一視同仁，便決意把握這唯一的希望。

基督甚明瞭這婦人的景況，打算藉此給人一個鮮活的教導。以色列民自命清高，不僅對周圍人群的需要漠不關心，也不扶助

在黑暗裡的生靈。耶穌要消除門徒對異邦人的隔閡與種族的歧視。祂沒有立刻應允這婦人的要求，而是依照猶太人的習慣，對她持冷漠輕視的態度。

但這婦人並沒有因此放棄信心，耶穌雖然毫無反應，她卻緊跟在後面不斷懇求。連門徒都嫌她厭煩，請耶穌打發她走開。耶穌回答說：「我奉差遣不過是到以色列家迷失的羊那裡去。」這個回答，聽起來似乎符合猶太人的成見，實際上是含有譴責門徒的意思。祂要提醒他們，主來是要拯救所有願意接受祂的人。

這婦人越發誠懇地哀求：「主啊，幫助我！」耶穌說：「不好拿兒女的餅丟給狗吃。」這回答意即：上帝的恩澤，不應浪費在外邦人身上。這婦人接著說：「主啊，不錯；但是狗也吃牠主人桌子上掉下來的碎渣兒。」[註1]她憑著莫大的信心，情願被當作一條狗，也要乞得主的恩典，哪怕得到的只是剩餘的碎渣兒！她沒有民族或宗教的成見，沒有驕傲的言行，只有一顆謙卑篤信的心，相信主必成全她的祈求。

她成功地通過了這信心的考驗，基督應允她的請求，轉身對她說：「婦人，你的信心是大的！照你所要的，給你成全了吧。」就在那時候，她的女兒得痊癒，鬼也不再纏擾她了。婦人回去，承認基督為她的救主，心中得著無比的喜樂。這是耶穌在這次行程中所行的唯一神蹟。祂行此神蹟，不但為解除婦人的痛苦，同時要為門徒留下榜樣，除去他們排外的心理，讓他們樂意為異邦民族服務。

耶穌早就希望將歷代以來所隱藏的真理闡明出來，那就是外邦人與猶太人可以同得救恩的道理。祂使迦百農百夫長的信心得償，並傳福音給敘加的外邦居民。如今又在一個卑微的迦南婦人身上顯恩，為要表明祂的愛並不局限於任何一個民族或國家。這婦人正是以色列人所應當營救的一隻迷羊，是上帝派給他們的工作。門徒要更清楚地認識，在猶太地方以外，還有廣大的外邦人是他們的工作園地。後來，他們因向外邦人宣揚福音，受到猶太人更堅決的反對。基督在此向他們指明福音工作不受風俗或國界的限制。

救主這次在腓尼基所行的神蹟，不單為幫助那時代的人，也是為今日信祂的人而行的。這迦南婦人憑著信心，跨越偏見和種族的障礙，終於得到主的恩典。救恩的福惠是賜給每一個人的，除非自己不肯接受，否則任何事物都不能阻攔人領受這福音的應許。上帝憎惡人劃分界限。在祂的眼中，每一個生靈都同樣可貴。

【註1】太15：27

44 真的神蹟

耶和華的作為本為大；凡喜愛的都必考察。……他行了奇事，使人記念；耶和華有恩惠，有憐憫。詩111：2、4

耶穌離開了泰爾，經過西頓，來到加利利。這裡的居民曾因豬群被鬼附著而溺斃的事，心裡恐慌求祂離開。後來聽見耶穌醫好了兩個瘋子，就想再見祂。這次主再到附近來，人群就圍著祂。有一個耳聾舌結的人，被帶到祂的面前。祂並沒有按照過去的慣例，單說一句話就治好了他。耶穌領他離開眾人到一旁去，用手指探他的耳朵，又摸他的舌頭。然後舉目向天說：「開了吧！」那人立時恢復了講話的能力。耶穌囑咐他不要張揚此事，但他卻將得醫治的情形到處傳開。

耶穌上了山，眾人把患病和殘廢的都帶到祂的跟前來。雖然他們都是不信主的異教徒，但得到主醫治之後，也歸榮耀給以色列的上帝。他們聚集在主身旁長達三日之久。白天聽祂講論，看祂行奇事，晚上則露天睡覺。過了三天，帶來的食物已吃完，耶穌吩咐門徒給他們食物充飢。門徒並沒有憑信心將所有的食物拿出來，因為基督在伯賽大分餅，餵飽的是猶太人。而現在這些都是外邦人和異教徒，門徒心中對他們還是存有偏見。就說：「在這野地，從哪裡能得餅，叫這些人吃飽呢？」後來他們還是聽從了主的話，拿出所有的七個餅和幾條小魚來。在耶穌的祝福下，除了餵飽婦孺以外的四千人，剩餘的零碎還裝滿了七個籮筐。

隨後基督和門徒上船渡海，來到祂所熟悉的加利利。這是祂常行神蹟和教訓眾人的地方。這時法利賽人與撒都該人同來見耶穌。撒都該乃是猶太國的祭司、懷疑派和貴族所共組的政黨。法利賽人和撒都該人之間本來存有很大的仇恨。撒都該人一味的討好羅馬政權，而法利賽人則希望早日掙脫羅馬的統治。如今為了對付耶穌，兩派竟然攜手合作。他們要求主從天上再顯個神蹟。其實在猶太的歷史上已經記載了許多神蹟，他們真正需要的不是外表的憑據，乃是心靈的更新。

耶穌感嘆的說：「假冒為善的人哪！」「你們知道分辨天上的氣色，倒不能分辨這時候的神蹟。一個邪惡淫亂的世代求神蹟，除了約拿的神蹟以外，再沒有神蹟給他看。」註1當日那在異邦尼尼微的人，聽見約拿所傳的道和所顯的神蹟，便悔改信主。而當今法利賽人卻視耶穌慈愛的作為是他們的絆腳石。祂所行的神蹟，對他們是一種譴責。救主來到世上，在生活中彰顯上帝的品德，證明祂是從上帝而來的。祂所作的工，所說的話，都是一切神蹟中最大的神蹟。

奇蹟每天都在發生。我們能相信救主、能掙脫撒但的捆綁，豈不就是一件神蹟嗎？一個浪子回頭，全心歸主，不也是一個神蹟嗎？人的心意更新，品格的變化，都是上帝拯救生靈的最佳見證。那些向主耶穌求神蹟的人，因為不信而心地剛硬，他們看不見主所行的奇事，得不到聖靈的啟迪。再多的神蹟，也救不了他們。

耶穌在嘆息中，離開了這群吹毛求疵的人。祂和門徒坐船往伯賽大去。上了岸，就對門徒說：「你們要謹慎，防備法利賽人和撒都該人的酵。」從摩西的時候開始，猶太人在過逾越節時，必須除去家中的麵酵。他們把酵看為罪的表號。門徒不了解，以為耶穌是指不要向法利賽和撒都該人買餅。其實耶穌所指乃是他們狡滑的謬論，將引起發酵的作用，會引誘和迷惑門徒。過了數月，耶穌又重複說：「你們要防備法利賽人的酵，就是假冒為善。」酵母能將全團麵發大，同樣的，人若讓偽善存在心裡，必能滲入和改變其品格。法利賽人以自私利己作為人生的目標，因此經常誤解和妄用聖經，以致不接受耶穌。酵母作用的結果是霉爛。照樣專求利己精神的，也必污穢、毀壞人心。

在現代跟從主的人中，有多少人是以自己的意思代替上帝的旨意、以自私之心尋求永生的捷徑、以人的理論和規條代替上帝的誡命？惟有上帝的大能才能消除私心和偽善。當我們接受救主，不求自己的榮耀，專求上帝的榮耀時，就知道這信仰是正確的。

【註1】太16：4

45 十字架的陰影

因為你們蒙恩，不但得以信服基督，並要為他受苦。你們的爭戰，就與你們在我身上從前所看見、現在所聽見的一樣。

腓1：29、30

基督知道在世的工作即將結束，也看見自己必經的荊棘之路。在祂降世之前，從馬槽到髑髏地的全部行程，都已向祂顯明。祂明知要遭受痛苦，仍願意捨命換回世人的生命。為了擺在前面的喜樂，祂甘願忍受十字架的苦難和羞辱。此時，祂所揀選的門徒，還未看出將來要發生的事情。耶穌帶著門徒，來到凱撒利亞・腓立比附近的一個小鎮。這是個盛行拜偶像的地方，到處有各種迷信和異教之風存在。祂逗留在這一帶，讓門徒感受到自己對異教徒的責任，耶穌設法要多花時間與門徒在一起。在告訴他們即將來臨的事之前，祂先獨自禱告，祈求上帝預備門徒的心，領受祂的話。

祂問他們：「人說我——人子是誰？」又問：「你們說我是誰？」彼得回答說：「你是基督，是永生上帝的兒子。」彼得所表白的是十二門徒的信心。有許多人曾經希望耶穌登基為王，後來看祂無此打算，便離祂而去。但彼得與同伴們，並沒有改變對主的忠誠，在未見主有了王的尊榮之前就承認祂。雖然十二門徒

對祂有信心，但對於基督的使命，只有膚淺的認識。他們仍在黑暗中摸索，不明白許多事情。耶穌告訴彼得：「你是有福的！因為這不是屬血肉的指示你的，乃是我在天上的父指示的。我還告訴你，你是彼得，我要把我的教會建造在這磐石上；陰間的權柄不能勝過他。」

「彼得」就是石頭，一塊轉動的石頭。教會建立在主耶穌基督的磐石上，是詩人大衛所說「力量的磐石」，也是先知以賽亞所寫「穩固根基，寶貴的房角石。」那磐石就是祂的身體，為我們捨棄而壓傷。將信仰建造在基督的救恩上的基督徒，必能屹立不倒。耶穌又說：「我要把天國的鑰匙給你，凡你在地上所捆綁的，在天上也要捆綁；凡你在地上所釋放的，在天上也要釋放。」這裡所指的鑰匙乃是基督的道，即一切聖經的話，這些話具有開啟和關閉天國之門的力量。門徒們要以宣講上帝的道為使命。

基督並沒有把傳福音的工作委託給彼得一人。祂後來亦對十二個門徒重述相倣的話。祂沒有指定一個人作他們的領袖，「因為只有一位是你們的師尊，就是基督。」[註1]基督為教會建造的根基，又是教會的元首。許多人以為在教會中任職事奉，便可以仗權發號施令，指示別人何為可信或可作之事，這不是主所認可的。教會不可依賴人或受人的控制，應以基督為信心的磐石，作我們的嚮導。之後，耶穌囑咐門徒不要告訴人祂是基督，免得他們在準備好之前，受到逼迫。

門徒一直希望基督在世作王，總以為祂立國的時候已近。耶穌揭開未來之事的幔子，指示他們：祂必須上耶路撒冷去，受逼迫並且被殺，以及第三日會復活的一切事情。門徒聽了之後，一言不發，既驚異又憂愁。彼得拉住祂說：「主啊，萬不可如此！這事必不臨到你身上。」彼得熱愛主，不願意在基督的工作上看到十字架。但他說的話，並不符合上帝的旨意和主的教訓。耶穌不得不痛斥說：「撒但，退我後邊去吧！你是絆我腳的；因為你不體貼上帝的意思，只體貼人的意思。」[註2]撒但企圖藉著彼得盲目的愛，再次試探耶穌。他藏在彼得的背後，唆使他勸阻耶穌。因此耶穌叫撒但退下，不要枉費心機。

於是耶穌呼召門徒，效學祂捨己為人的生活榜樣。祂說：「若有人要跟從我，就當捨己，背起他的十字架來跟從我。」十字架是當時最殘酷、最卑賤的死刑工具。主要那些跟從祂的人願意與祂一樣受苦受難，以至於死。凡是上帝的兒女，就應把自己也釘在十字架上，表現出基督自我犧牲、全然獻身的品格。主說：「凡要救自己生命的，必喪掉生命；凡為我和福音喪掉生命的，必救了生命。」背負十字架是痛苦的，但那賞賜卻是永生。

此時，他們沿著加利利海岸走向耶路撒冷，門徒的心中滿是疑惑、猜想、憂愁和恐懼。在百思不解中，仍希望能夠扭轉局勢，救耶穌脫離眼前的危難。他們就這樣過了六天。

【註1】太23：10　　【註2】太16：23

46 祂變了容貌

他從父上帝得尊貴榮耀的時候，從極大榮光之中有聲音出來，向他說：『這是我的愛子，我所喜悅的。』我們同他在聖山的時候，親自聽見這聲音從天上出來。 彼後1：17、18

將近黃昏時，耶穌帶著三個門徒——彼得、雅各、約翰，經過田野小徑，到達幽靜的山邊。他們已經忙了一整天，此刻翻山越嶺，具有血肉之軀的主便和門徒一樣感到甚為疲乏。到山嶺上不一會兒，落日西沉以後，環繞著他們的是黑暗與孤寂。門徒不敢問夫子要往那裡去或要作什麼，因為祂經常上山整夜禱告。他們只跟著基督走，心裡奇怪，為何祂要在疲勞之時辛苦的去爬山。

然後，基督叫門徒留下，自己稍往前走。在那裡流淚痛哭地禱告，向上帝傾吐心意，求上帝賜下力量，好為人類忍受試煉。祂亦為門徒祈禱，求上帝在黑暗掌權的時候，堅固他們的信心。門徒起初也很虔誠地和基督一同禱告，但過了一會兒，便疲倦地睡著了。耶穌已經把自己將要受難的事告訴他們，這次上山，就是要和他們一同禱告。主看到門徒對未來的擔憂，希望藉著為他們祈禱而減輕他們的憂愁，加強他們的信心。耶穌所賜的啟示，連十二使徒也不是個個都能領受。只有那將要在客西馬尼園中目睹祂受苦的三位門徒，才與祂一同到山上來。

耶穌祈求天父，將祂在創世之前與父同有的榮耀和國度顯示給他們看。使他們能夠看見祂的神性，好教他們在將來祂受難時，知道祂確是上帝的兒子，明白祂的死，乃是救贖計畫的一部份。上帝垂聽了祂的祈禱。當時天忽然打開了，上帝聖城的金門敞開，聖潔的光輝照耀在山上，環繞著救主。基督的神性透過人性呈現出來，與天上的榮光相接。祂的「臉面明亮如日頭，衣裳潔白如光。」三位門徒一覺醒來，看見遍山照耀的榮光和夫子發光的身體，甚感驚愕。後來再看清楚，原來在耶穌身邊，還有兩位正和祂談將要在耶路撒冷成就的事。這兩個人是摩西和以利亞。摩西因在米利巴犯罪，而不得進入應許之地，死在曠野裡。但基督使他復活，並提升到天上去。在基督變像的山上，摩西代表那些在主復臨時要從死亡墳墓裡出來的義人。而以利亞則是未經死亡即被接升天，他代表那些在基督復臨時仍活在地上的人。在山上顯出了未來天國榮耀的縮影——基督是王，摩西代表死裡復活的聖徒，以利亞代表活著見主、變化升天的聖徒。

門徒並不明白這一幕變像的意義，但看到夫子得到這兩位聖人的尊崇，便以為以利亞是來宣佈彌賽亞為王的，心中一切的恐懼和失望頓時消逝。彼得高興的說：「主啊，我們在這裡真好！你若願意，我就在這裡搭三座棚，一座為你，一座為摩西，一座為以利亞。」但是摩西和以利亞與耶穌討論的，不是關於基督的登基或加冕大典，乃是祂將要在耶路撒冷受難的事。耶穌道成肉身，擔負人類的憂患和罪孽，內心是孤單與痛苦的。天上並沒有差派天使來安慰祂，而是派遣這兩位曾經在世上生活、接受過考

驗的人來向祂表示同情與安慰。

　　門徒因為睡著了，而錯過基督和這兩位使者的談話，他們因為沒有儆醒禱告，而無法得到上帝的啟示。這些門徒因信心遲鈍，而得不到天上所賜的豐富經驗。雖然如此，上帝還是讓他們親眼看見、親耳聽到世人所不能明瞭的事。他們見證這一幕登山變像的情景時，「有一朵光明的雲彩遮蓋他們，且有聲音從雲彩裡出來，說：『這是我的愛子，我所喜悅的。你們要聽他！』」他們就仆倒在地，俯伏不動，不敢抬頭，直到耶穌進前來，摸他們，用熟悉的聲音說：「起來，不要害怕！」這時他們才敢舉目，看見天上的榮光已經消逝，摩西和以利亞不見了，只有耶穌一人和他們在那裡。

47 下山服務

我靠著那加給我力量的，凡事都能做。腓4：13

耶穌和門徒在山上過了一整夜，直到次日東方日出時，才一同下山。門徒一路上安靜沉默，想著昨夜所發生的事。這時已有許多人在遠近各地尋找耶穌。當他們走近山腳時，主吩咐那三個門徒不要張揚夜裡所發生的事，要他們把所得的啟示放在心中默想。若將此事傳開，只會引起他人的揣測和議論，增添不必要的問題而已。

在山下等候的人，一看見耶穌，就欣喜的跑上前來迎接祂，但祂一看就知道山下的門徒正處於困境中。當門徒在山下等候時，有一個作父親的，帶著被啞吧鬼附著的兒子，來求門徒醫治。從前耶穌差派他們出去傳道時，曾經賜予他們趕鬼的能力。如今他們奉基督的名卻無法趕除這鬼魔，門徒對這次的失敗甚感羞愧。當時有文士在場，對他們冷嘲熱諷地說，這裡有一個鬼，是基督和門徒所不能制服的。受到文士的影響，眾人也流露出藐視和譏誚的情緒。當大家看見耶穌和三個門徒下山走過來時，臉上帶著天上榮光的餘輝，令人望而生畏。文士因懼怕而後退，中止了嘲笑和指摘。

救主定睛望著文士，問道：「你們和他們辯論的是什麼？」

全場的人都默不作聲，於是那痛苦的父親從人叢中走出來，跪在耶穌腳前說：「夫子，我帶了我的兒子到你這裡來，他被啞巴鬼附著。無論在哪裡，鬼捉弄他，把他摔倒，……我請過你的門徒把鬼趕出去，他們卻是不能。」耶穌舉目四顧，洞悉每一個人心裡的疑團，就帶著悲傷口吻說：「噯！不信的世代啊，……我忍耐你們要到幾時呢？」然後吩咐那可憐的父親說：「把他帶到我這裡來吧。」孩子被帶來時，惡魔就把他摔倒在地，叫他重重的抽搐，口中吐沫，厲聲怪叫。耶穌讓惡魔發狂一陣後，問父親：「他得這病有多少日子呢？」父親就將兒子多年來所受的痛苦告訴耶穌，並求祂：「你若能做什麼，求你憐憫我們，幫助我們。」主回答說：「你若能信，在信的人，凡事都能。」父親覺悟到自己信心不足，聲淚俱下的說：「我信！但我信不足，求主幫助。」耶穌轉身向那受苦的孩子說：「你這聾啞的鬼，我吩咐你從他裡頭出來。」孩子掙扎一陣後，就躺著不動，眾人以為他死了。耶穌伸手扶他起來，把恢復健康的孩子交給父親。這對父子蒙恩後，同聲讚美主。眾人都詫異上帝的大能，文士們也垂頭喪氣的離去。

上帝在基督裡已為人預備了方法，不論有多大的試探，祂都能給我們足夠的力量克服罪惡、勝過試探。許多人缺乏信心，所以自動遠離基督。人不要看自己，應當仰望耶穌，藉著上帝的話得信心。所以我們要緊握祂的應許：「到我這裡來的，我總不丟棄他。」[註1]在短短的時間裡，那三位蒙恩的門徒看到了榮耀和屈辱的兩面。他們看見耶穌在山上從人性變為上帝的形像。到山下，又看遇見那最不幸的景象，就是那瘋狂的孩子。耶穌扶起孩子，使他身心恢復健康。他們聽見天上傳來美妙的聲音，與魔鬼的嘶喊成了一大對比。這乃是救贖計畫的縮影，也代表門徒的使命。基督僕人所要過的生活，不僅是與耶穌在山上享受屬靈的光照，亦要下山為人服務。

另外九個門徒，這時仍沉浸在挫敗的慘痛事實裡。稍後耶穌單獨與他們在一起時，他們問主趕鬼失敗的原因，耶穌說：「是因你們的信心小。我實在告訴你們，你們若有信心，像一粒芥菜種，就是對這座山說:『你從這邊挪到那邊』，它也必挪去；並且你們沒有一件不能做的事了。至於這一類的鬼，若不禱告、禁食，他就不出來。」因為耶穌只選三個門徒同自己一起上山，引起其餘九個門徒嫉妒，故此他們沒有藉著祈禱和默想基督的話來堅固自己的信心，以致無法與撒但爭戰。他們必須虛心，讓上帝的靈和能力充滿他們，才能與執政的、掌權的、管轄這幽暗世界的以及天空屬靈氣的惡魔爭戰。芥菜種雖小，卻蘊有發育長成大樹的生命力。這小小的籽粒，撒落在地裡，吸收上帝所供應的營養後，便能長成一株牢固的樹。同樣地，我們憑著微小如芥菜種的信心，握住上帝的話，就沒有一件我們不能做的事了。

【註1】約6：37

48 「誰是最大的？」

你們當以基督耶穌的心為心。既有人的樣子，就自己卑微，存心順服，以至於死，且死在十字架上。腓2：5、8

耶穌回到迦百農，帶著門徒進到一個臨時居住的房子裡，想用些時間教導門徒。在這次加利利的行程中，雖然主已將要受的苦難告訴了他們，但門徒依然不明白祂的話。他們心中充滿著彼此競爭的心理。他們一路上爭論著在天國裡誰是最大的。耶穌洞悉他們的思想，便想利用這安靜的時段勸導他們。

進城不久，有個收丁稅的人來見彼得，問道：「你們的先生不納丁稅嗎？」丁稅不是國家的稅，而是一種宗教的捐獻，是猶太人每年納作維持聖殿的費用。彼得覺得這個問題關乎夫子是否忠於聖殿的名聲，就急忙回答說，耶穌會納稅。按照當時的條例，祭司、利未人和先知都免繳丁稅。因此如果耶穌納稅，就表明自己不是先知。如果不納稅，又有不忠於聖殿之嫌。彼得在這事上，錯過了表明他夫子身分的好機會。當彼得進屋後，耶穌問他：「世上的君王向誰征收關稅、丁稅？是向自己的兒子呢？是向外人呢？」彼得答道：「是向外人。」耶穌說：「既然如此，兒子就可以免稅了。」在此耶穌又再次顯明自己是上帝的兒子。雖然祂無納稅的義務，但不願為此事引起紛爭。於是吩咐彼得到海邊去釣魚，從釣到的魚口中，取出一塊錢納作稅銀。

然後又叫其餘的門徒來，問他們剛才在路上議論什麼事。門徒們靜默不語，不敢回話。最後有一個人大膽直接地問主：「在天國裡誰是最大的？」耶穌告訴他們：「若有人願意作首先的，他必作眾人末後的，作眾人的用人。」註1此時，在他們中間存在著當初路錫甫叛逆天庭的虛榮和自私心態。耶穌柔和又嚴肅的設法糾正這種錯誤，便叫一個孩童站在他們中間，對門徒說：「你們若不回轉，變成小孩子的樣式，斷不得進天國。所以，凡自己謙卑像這小孩子的，他在天國裡就是最大的。凡為我的名接待一個像這小孩子的，就是接待我。」這是天國的原則和標準。在上帝面前，祂所看重的不是屬世的學問或才智，而是一顆如孩童般真誠的心。無論貴賤、貧富、老少或智愚，都是基督寶血換來的珍寶。

約翰想起自己曾經阻止一個奉主名趕鬼的人，便問主是否應當如此行。耶穌說：「不要禁止他；因為沒有人奉我名行異能，反倒輕易毀謗我。」只要人向基督表示友好，願意為祂工作，都不當予以拒絕。若大家意見或理念分歧，也不要因此禁止他們為上帝服務。我們當謹慎，免得使熱心為主工作的人灰心喪志，而阻礙了主照耀在世人身上的光輝。門徒若向基督所吸引的人表現出苛刻或冷漠的態度，必使人跌倒和走向滅亡之路。耶穌又說：「倘若你一隻手叫你跌倒，就把它砍下來；你缺了肢體進入永生，強如有兩隻手落到地獄，入那不滅的火裡去。倘若你一隻腳叫你跌倒，就把它砍下來；你瘸腿進入永生，強如有兩隻腳被丟在地獄裡。」基督說此重話，乃要他們明白「人子來，是要拯救失喪的人。」凡是引人犯罪、有辱主名的嗜好或習慣，不論犧牲多大，務要戒除。寧願砍掉手腳，甚至剜掉一隻眼，也不要敗壞自己和迷惑別人。

在儀文禮節中，各樣祭物都要加上鹽才能奉獻。鹽代表救主的義，我們必須領受祂的義，才能成為世上的鹽，對別人產生感化力。作主門徒的要樂於背負十字架跟隨耶穌，不計較地位的高低，甘心為主作忠誠的服務。如果有人被試探所勝，得罪了你，應當主動將他挽回。耶穌以一個人有一百隻羊為比喻，若有一隻迷失，豈不撇下這九十九隻，去尋找那隻迷路的羊嗎？天父不願有一人失喪沉淪。當主內弟兄姐妹犯錯時，應以真誠委婉的方法規勸他。若一個人去不成功，可以多帶一二人同去勸告。經過一番努力都無效之後，才可將這事交給教會處理。人若拒絕全體教會的規勸，就是斷絕他與基督的關係。即使到了這個地步，弟兄們仍要以溫和慈愛對待他，視他為基督所要尋回的迷羊。不可任意談論或批評別人的錯誤，因為公佈他人的罪行只會成為不信之人的絆腳石。

基督徒無論在何處、做何事，都要有主同在。我們希望主如何待我們，同樣，主也吩咐我們要如何彼此相待。我們並不是單獨負擔重責大任。無論何處有人真心服從基督的話，那裡就有基督同在。祂說：「若是你們中間有兩個人在地上，同心合意的求什麼事，我在天上的父，必為他們成全。」[註2]這樣天上一切的權柄必能與人聯合，成就引人歸向基督的工作。

【註1】可9：35　　【註2】太18：19

第6卷 被拒絕的救主

49 赴住棚節

人若立志遵著他的旨意行，就必曉得這教訓或是出於上帝，或是我憑著自己說的。人憑著自己說，是求自己的榮耀；惟有求那差他來者的榮耀，這人是真的，在他心裡沒有不義。

約7：17、18

猶太人每年必須三次到耶路撒冷過節，住棚節是一年中最後的一次聚會。上帝的本意是要祂的百姓在這時回想祂的良善和慈愛。這節期長達七天，在一切莊稼收割完畢時，所有巴勒斯坦的居民以及散居各地的猶太人，都聚集在一起慶祝，獻上感恩祭。住棚節也記念以前上帝在曠野對以色列民的眷佑。過節時，他們住在搭起的大小帳棚裡，悠揚的歌唱和奏樂聲充滿了聖殿與城中每一角落。在節期的前幾天是贖罪日，會眾必先承認罪過，才可歡樂過節。「和散那」的歡呼聲、祭司們盛裝以及莊嚴的儀式，還有令人感動的曠野漂流故事，編織成一幅偉大的圖畫，振奮人心。

在第一天破曉的時候，祭司吹起響亮的銀號，民眾也從帳棚中發出的歡呼，吶喊聲響徹山谷，迎接這節期的來臨。那時祭司從汲淪溪的流水中，取一瓶水來，依著音樂的節奏，舉起水瓶步上聖殿的臺階。到了祭司院中的祭壇，將這瓶水倒在旁邊的一個銀盆中，還有一瓶酒則倒在另一個銀盆中。兩個盆中的液體，會流到通往汲淪溪的管子裡，一直流到死海去。這聖水的儀式，乃是象徵古時上帝命令從磐石裡湧流出來、為以色列民解渴的泉水。

當約瑟的兒子們準備赴住棚節時，發現耶穌並沒有準備一同上去過節。自從在畢士大醫治病人以來，為了避免與耶路撒冷的領袖們發生無謂的衝突，祂未參加任何全國性的節期，祂把自己的工作局限於加利利地。耶穌的兄弟們對祂與這些有身份地位的人疏遠，感到不以為然，於是力勸祂同去過節。他們說：「人要顯揚名聲，沒有在暗處行事的；你如果行這些事，就當將自己顯明給世人看。」他們覺得耶穌應該爭取祭司和官長們的支持，宣佈祂的王權，建立新的國度。

耶穌對他們說：「我的時候還沒有到」，「世人不能恨你們，卻是恨我，因為我指證他們所做的事是惡的。你們上去過節吧，」對祂而言，世界並非圖安逸和求聞達的地方。祂不爭權勢，亦不享尊榮，天父差祂來到這個世界，是為完成救贖人類的偉大計畫。祂所行的每一件事，都按照規定的時間，絕不擅自作主，造成危機。祂必須耐心等候時機成熟。

雖然基督已有好幾個月沒去耶路撒冷，眾人對祂的興趣，卻絲毫未減。在節期的第一天，便有多人打聽祂在那裡。即使找不著祂，到處都有人談論祂的所作所為。此時耶穌已暗暗地抵達耶城。為避免引人注意，祂獨自前來。正當眾人熱烈地議論祂時，耶穌走進聖殿的院子，霎時大家安靜下來，驚奇地看著祂。在大庭廣眾前，祂以絕對權威的口吻，談論屬天、屬地以及有關人類與上帝的問題。主用不同的方式，將必要發生的災禍警告他們，盡一切的努力，引人悔改。大家不禁彼此說：「這個人沒有學過，怎麼明白書呢？」祂雖然沒有受過拉比的訓練，依然能以聖經的知識教導眾人。

在節期裡，祂天天對人們講述真理之道。直到節期的最後一天，祂以清脆的聲音說：「人若渴了，可以到我這裡來喝。信我的人就如經上所說：『從他腹中要流出活水的江河來。』」經過一連多天的盛會，以及各種例行的禮節，人們並沒有得到靈性上的滿足。耶穌邀請他們到生命之泉喝水，這水是生命的活水，喝了必得永生。那天早晨，祭司行擊打磐石的典禮，那磐石就是象徵基督，因為祂受擊打，才使救恩的活水流出。

耶穌知道我們的需要。虛浮的榮華富貴、功名利祿，都無法滿足人心的空虛。今日基督對心靈乾渴之人，發出相同的呼聲。生命之源向人人開放，而且用之不竭。祂說：「口渴的人也當來；願意的，都可以白白取生命的水喝。」「人若喝我所賜的水就永遠不渴。我所賜的水要在他裡頭成為泉源，直湧到永生。」註1

【註1】啟22：17；約4：14

50 羅網密佈

我就把你的道指教有過犯的人，罪人必歸順你。詩51：13

耶穌在耶路撒冷過住棚節，隨時都有祭司和官長差派的奸細跟蹤祂。他們守候著，找機會要陷害祂，並想盡辦法在群眾面前羞辱祂。在守節的第一天，官長便來質問祂從何處得權柄教訓人。耶穌回答說：「我的教訓不是我自己的，乃是那差我來者的。」人要多用心靈，少用理智去領悟真理。必須藉著恩典在心中作工，並且願意棄絕上帝的靈所顯明的罪惡，才能接受真理。人若敞開心門接受真理，並遵行上帝的旨意，真理必能顯出上帝的拯救大能。法利賽人不願意降服在上帝的旨意中，他們尋找藉口逃避真理，便不能明白祂的教訓。

於是基督提出如何辨別真假教師的原則：「人憑著自己說，是求自己的榮耀；惟有求那差他來者的榮耀，這人是真的，在他心裡沒有不義。」[註1]上帝的話，就是賜給祂權柄作真理教師的憑據。耶穌知道拉比們想要殺害祂的圖謀，便問他們：「摩西豈不是傳律法給你們嗎？你們卻沒有一個人守律法。為什麼想要殺我呢？」這話猶如一道電光，顯明了他們的惡念。但他們仍不願接受這警告，故意說：「你是被鬼附著了！誰想要殺你？」

耶穌沒有理睬他們，繼續以猶太人的律法證明安息日治病

是合法的。祂提到按照律法，嬰孩必須在出生後第八天受割禮，如果第八天是安息日，割禮仍照常舉行。那麼，在安息日治好一個病人，豈不更合乎律法的精神嗎？祂又鄭重地說：「不可按外貌斷定是非，總要按公平斷定是非。」在座的聽眾中間，有許多人明知道官長謀害祂的計謀，心中還有疑惑，徘徊在信與不信之間。耶穌告訴他們：「我來並不是由於自己。但那差我來的是真的。你們不認識他。」數月前，基督曾在猶太公會裡，宣佈自己是上帝的兒子。這話他們已經重複聽了多次，但仍執意要殺害祂。

眾人中間有好些人相信祂，引起在場觀察的法利賽人不安。他們急忙趕到大祭司那裡，設法要捉拿祂。耶穌早已洞悉他們的陰謀，便說：「我還有不多的時候和你們同在，以後就回到差我來的那裡去。你們要找我，卻找不著；我所在的地方你們不能到。」拉比以為祂是要往希利尼去教訓外邦人，全然不知這話乃指基督的使命。如果眾人能誠心誠意的研究聖經，就不會受祭司和拉比們矇騙。上帝不強迫人作任何決定，是非、真假、光明黑暗都擺在人們的面前，讓人們自己決定何去何從。今日有許多人不親自查考聖言，只會依從他人的見解，將自己的得救問題交給宗教領袖。

在住棚節的最後一天，負責捉拿耶穌的差役還是無法下手，因為他們剛硬的心亦被主的話所感化。他們說：「從來沒有像他這樣說話的！」祭司和官長們，又聚集商議捉拿耶穌的事。正當討論得最熱烈時，尼哥德慕挺身而出，說：「不先聽本人的口供，不知道他所做的事，難道我們的律法還定他的罪嗎？」他們用尖刻的口吻答道：「你也是出於加利利嗎？你且去查考，就可知道加利利沒有出過先知。」會議終因尼哥德慕的異議而停止，眾人也都離開。耶穌就往橄欖山去，在那裡獨自親近上帝。

次日清早，祂又回到聖殿中教訓眾人。不久，一群法利賽人和文士們拖著一個驚惶的婦人，到耶穌面前來。他們控告她犯了姦淫的誡命，並且問耶穌是否應該按摩西律法所定，用石頭打死她。這乃是他們陷害祂的陰謀，要找把柄定祂的罪。主若赦免這婦人，便有輕視摩西的律法之嫌；若同意將她處死，便犯了僭越羅馬政權的罪。耶穌知道這些自命監護司法的人，曾親自引誘這婦人犯罪，並佈下此羅網來陷害祂。耶穌毫無反應地彎著腰，用指頭在地上寫字。他們不耐煩地圍上來，看到祂所寫的乃是他們各人的秘密罪行，當場臉色驟變。祂直起身來，看著他們說：「你們中間誰是沒有罪的，誰就可以先拿石頭打她。」然後又彎著腰，繼續在地上寫字。這些假冒為善的人，深怕耶穌會抖出更多他們所隱藏的罪惡，便一個個低著頭，紅著臉，偷偷地走開了。

結果留下這惶恐的婦人，獨自站在主面前。耶穌站起來，問她：「婦人，那些人在哪裡呢？沒有人定你的罪嗎？」婦人說沒有。主又對她說：「我也不定你的罪。去吧，從此不要再犯罪了！」主的話融化了她的心，就俯伏在祂腳前，痛哭流涕的認罪，並接受基督的愛。這是她新生命的開始。從此之後，這悔改的婦人成為耶穌堅固的信徒，以克己、忠誠和摯愛報答耶穌赦罪之恩。

耶穌不掩飾罪惡，也不定人的罪。祂來是要拯救罪人，向他們伸出援手，救罪人脫離罪惡。世人常恨罪人而愛罪惡，基督卻恨罪惡而愛罪人。這乃是跟從耶穌之人應有的精神。基督化的愛是不輕易責備人，隨時饒恕和勉勵人，引領悔改的人過聖潔高尚的生活。

【註1】約7：18

51 生命的光

生命在他裡頭，這生命就是人的光。約1：4

耶穌在聖殿的院中對眾人說：「我是世界的光。跟從我的，就不在黑暗裡走，必要得著生命的光。」當時正舉行著住棚節的典禮，獻完晚祭之後，即點亮院中的兩根又高又大的燈柱，讓燈光照射到耶路撒冷全城。這個禮節是紀念那引領以色列人行過曠野的火柱，民眾看著此光，表示盼望彌賽亞的降臨，能夠光照以色列。然而耶穌才是屬靈之光的光源，是預言中照亮一切的真光。

上帝向祂的百姓顯現時，常用光來作祂臨格的象徵。起初創造天地時，祂說一句話，光就從黑暗中照耀出來。以色列人出埃及時，有雲柱和火柱的光引領他們。在上帝臨格西乃山上時，也有強烈的火光發出來。在聖幕裡，有光停在施恩座上。所羅門奉獻聖殿時，光充滿了殿宇。天使向牧羊人報佳音時，亦有榮光照耀伯利恆的山野。上帝就是光，因此基督說：「我是世界的光」就表明祂與上帝原為一，也顯明祂與全人類的關係。而且這光有如日月星辰般照亮每一個人的心靈。從這句話中，耶穌宣佈自己是光所預表的彌賽亞。

在法利賽人和官長聽來，耶穌的聲明是不能容忍的僭妄，他們質問祂：「你是誰？」耶穌說：「我沒有一件事是憑著自己做的。我說這些話乃是照著父所教訓我的。」接著又對信祂的人說：「你們若常常遵守我的道，就真是我的門徒；你們必曉得真理，真理必叫你們得以自由。」註1這話觸犯了法利賽人，因他們認為自己是亞伯拉罕的後裔，既不是奴僕，何以需要得自由？耶穌告訴這些自以為是的人：「所有犯罪的就是罪的奴僕。」凡不願獻身於上帝的人，就不由自主的受到黑暗之君的權勢支配。在救贖的工作上，人可以選擇要事奉誰。當人投向基督時，便能得力量脫離撒但的管轄，重獲自由。與主合而為一，是得見光明的唯一條件。

法利賽人自稱是亞伯拉罕的子孫，但所行的卻不是亞伯拉罕後裔該行的事。既然沒有亞伯拉罕的精神和品格，單憑名份和血統並不能將他們歸納為亞伯拉罕的子孫。耶穌說：「我本是出於上帝，……你們是出於你們的父魔鬼，……我將真理告訴你們，你們就因此不信我。」耶穌以真理暴露他們的虛偽，譴責他們的罪行，所以不受歡迎。三年以來，這些人天天跟著祂，企圖找到誣陷祂的證據。即使在祂身上找不到罪證，還是拒絕接受祂，就這樣定了自己的罪。

耶穌又將猶太人和亞伯拉罕的態度，作一鮮明對照。祂說：「你們的祖宗亞伯拉罕歡歡喜喜的仰望我的日子，既看見了就快樂。」因為他的忠心，上帝讓亞伯拉罕在未死之前得見彌賽亞。法利賽人譏誚的說：「你還沒有五十歲，豈見過亞伯拉罕呢？」基督莊嚴地回答說：「還沒有亞伯拉罕就有了我。」在此祂明確的宣佈自己為自有永有的主。這話激怒了祭司和拉比們，認為祂説了僭妄的話，將自己當作上帝。當下許多人附和祭司和拉比，拿起石頭要打祂。但耶穌躲過群眾，離開聖殿。

耶穌走的時候，看見一個生來瞎眼的人。猶太人相信每一樣苦難都因罪而起，因此門徒問祂：這人瞎眼是因為他犯了罪，還是父母的過錯？耶穌回答説：「也不是這人犯了罪，也不是他父母犯了罪，是要在他身上顯出上帝的作為來。」[註2] 説完這話，就吐唾沫在地上，用唾沫和泥抹在瞎子的眼睛上，然後吩咐他往西羅亞池子去洗。他去一洗，回頭就看見了。其實門徒不必討論誰犯了罪，應當將重點放在使這瞎眼之人重見光明的大能和慈愛上。泥土和池子裡的水，都沒有醫治的功能，唯有耶穌才能行此奇事。

法利賽人見到被治好的瞎子，不得不驚奇。但因這神蹟是在安息日行的，他們就更加仇恨耶穌。這人的鄰居和朋友們，對他的改變半信半疑。他便向眾人述説被醫治的經過。法利賽人在議會中盤問他眼睛是如何得到醫治的，並説醫他的人既不守安息日，就不是從上帝來的。隨後又叫了他父母來，質問他們到底誰醫治了這人。父母因害怕受牽連，就推説不知情。法利賽人的一再刁難，反使群眾們看得更清楚。他們認為一個罪人怎能行此神蹟呢？於是與法利賽人起了爭論。這瞎而復明的青年堅定地告訴他們：「他是個罪人不是，我不知道；有一件事我知道，從前我是瞎眼的，如今能看見了。」「他開了我的眼睛，你們竟不知道他從哪裡來，……這人若不是從上帝來的，什麼也不能做。」他這番話使大家都目瞪口呆，無言可答。祭司和文士們無理的痛斥他一頓，然後將他趕出會堂。

耶穌聽見這一切的經過。後來遇見他，問他：是否相信上帝的兒子？這人說：「主啊，誰是上帝的兒子？」耶穌告訴他：「你已經看見他，現在和你說話的就是他。」這人就俯伏在主腳前拜祂。這時他不但肉眼得以看見，連心眼也睜開了。耶穌是世上的光，要賜光明給坐在黑暗中的人。這一群頑固的法利賽人，不肯承認需要基督，就把自己留在更深的黑暗裡。

【註1】約8：31、32　【註2】約9：3

52 好牧人

我是好牧人；好牧人為羊捨命。……我認識我的羊，我的羊也認識我。約10：11、14

耶穌常以日常所見的事物為例，引發聽眾的興趣。正如祂曾以生命之光和水，來代表自己是生命和快樂之源。這時祂又以牧人與羊群，說明自己與跟從祂的人的關係。此後門徒每逢看見牧羊人看守羊群，就在忠心的牧人身上看到基督，在軟弱的羊群身上看到自己。先知以賽亞說：「他必像牧人牧養自己的羊群，用膀臂聚集羊羔抱在懷中。」[註1]詩人大衛歌唱：「耶和華是我的牧者，我必不致缺乏。」[註2]先知以西結也說：「我必立一牧人照管他們，牧養他們。」「失喪的，我必尋找；被逐的，我必領回；受傷的，我必纏裹；有的病，我必醫治。」[註3]基督比喻自己為好牧人，顯明祂是上帝羊群的保護者。

基督乃是進上帝羊圈的門。祂明白的說：「我就是門；凡從我進來的，必然得救，並且出入得草吃。盜賊來，無非要偷竊，殺害，毀壞；我來了，是要叫羊得生命，並且得的更豐盛。」[註4]上帝的兒女都要從這門進去，要藉著這位「上帝的羔羊」才能進入上帝恩典的羊圈。世人試圖以其他方法或途徑稱義，殊不知基督才是我們唯一得進天國的門。

法利賽人不願從這門進去，他們欲以律例條文的門進去，並且他們沒有盡到作牧者的責任，踐踏了青翠的牧場，污穢了生命活水的泉源。歷代以來許多學者和學說，提供不少在基督以外的救贖方法，盜取上帝創造和救贖的羊。多少人受假宗教壓制，被迷信和麻木的良心束縛著，每日生活在毫無希望和恐懼之中。惟有上帝的恩典——基督的福音，才能拯救世人。

基督就是門，也是羊的牧人。「看門的就給他開門；羊也聽他的聲音。他按著名叫自己的羊，把羊領出來。既放出自己的羊來，就在前頭走，羊也跟著他，因為認得他的聲音。」羊是最膽小懦弱的動物，需要牧人的看守和保護。牧人走在前面，引領羊群經過山丘和森林，又帶它們到河邊的草原。他不但看護，並且溫柔的照料羊群。他的生活與羊群打成一片，建立了堅固和親密的關係，他甚至知道每一隻羊的名字。好牧人耶穌，熟悉每一個人的情況，體恤我們的軟弱。祂以慈聲呼喚我們，用愛索牽引我們。

門徒跟隨祂，乃因看到救主一生從馬槽到十字架所顯現無比的愛。牧人怎樣走在羊的前面，耶穌也同樣地走在我們前面。祂行過崎嶇的路，踏平了路上的荊棘，為要使我們容易行走往天國的道路。如今祂雖已升到天父面前，然而對人類的苦難，仍抱有同情之心。祂依然伸出被釘子穿過的手，要將更豐盛的福惠賜給世人。在一切的考驗中，我們有一位可靠的幫助者。祂決不讓我們單獨地在試探中掙扎，以致被重擔壓倒。祂說：「你不要害怕，因為我與你同在。」[註5]只要全心仰望祂，我們必然得救。

牧人無論多麼愛惜羊群，總不及愛自己的兒女深。祂不單是我們的牧人，亦如愛兒女般地愛我們每一個人。為了贖回人類，祂甚至甘願捨命，擔當世人的罪，叫我們不致滅亡，反得永生。經上說：「我們都如羊走迷，各人偏行己路，」[註6]但主說：「看哪，我必親自尋找我的羊，將牠們尋見。」「我必親自作我羊的牧人，使牠們得以躺臥。」[註7]

【註1】賽40：11 【註2】詩23：1 【註3】結34：23、16
【註4】約10：9、10 【註5】賽41：10 【註6】賽53：6
【註7】結34：11、15

53 最後離開加利利

現在事情還沒有成就，我預先告訴你們，叫你們到事情成就的時候就可以信。」約14：29

基督在世的工作行將結束時，祂工作的方法有所改變。以往祂總設法避免招搖，拒絕民眾的擁戴，如今時候已到，祂以公開宣揚的方式，前去耶路撒冷。正如從前摩西在曠野舉起銅蛇，眾人的注意力必須集中在耶穌身上，因為祂為世人犧牲的時刻將至，預言即將應驗。門徒記起耶穌曾說過即將要遭遇的事，就想勸阻夫子前去受苦。撒但亦在這時不停地試探救主。他將畏懼死亡，加上為何不保留性命去救更多人或是不應放棄這初萌芽的工作為理由，企圖說服基督改變初衷，放棄十字架。但耶穌「定意向耶路撒冷去」。祂知道自己的使命是什麼，決不背約，也不躊躇。

祂先打發使者去撒馬利亞的村莊，為祂前去之事做準備。撒馬利亞人知道祂要往耶路撒冷去，便不肯接待祂。他們認為基督偏愛猶太人，便拒絕主的要求，甚至連讓祂留宿一夜也不肯。門徒雅各和約翰見狀深感不悅，便對主說：「你要我們吩咐火從天上降下來燒滅他們，像以利亞所做的嗎？」耶穌痛心地譴責說：「人子來不是要滅人的性命，是要救人的性命。」於是就往別的村莊去了。

基督以永遠的慈愛贏得人心，從不強迫人接受祂。如果我們因他人的不賞識或反對，就想傷害或毀滅他們，便是效法撒但的精神。基督為救贖全人類而死，若因宗教的偏見，而把痛苦加在救主用血所贖的人身上，乃是上帝最為憎惡的。耶穌到了猶太境界約但河外的比利亞，在那裡教訓眾人，有許多人跟隨著祂。此時祂像從前差派十二使徒一樣，設立七十個人，差遣他們兩個兩個地在他前面，往祂所要到的各城各地方去。耶穌給這七十個人的訓示和十二使徒的相同，然後便差派他們到撒馬利亞的各城傳福音。雖然撒馬利亞人剛拒絕了耶穌，但主依然愛他們。當這些人奉主名到撒馬利亞時，那裡的人就改變心意，不但接待他們，還歸服了基督。那七十個人領受了超自然的能力，去完成福音的使命。

在加利利海邊的城鎮，耶穌天天在他們中間出入，有許多人曾受感動，幾乎信從了祂。然而他們聽信祭司和法利賽人的話，拒絕了天上的恩賜，陷入黑暗之中。耶穌說：「看哪，我站在門外叩門。」上帝藉著聖經或祂的使者所傳的警告、責備和勸戒，不停地在人心上叩門。我們若不理會祂的叩門，開門的興趣就隨之減弱。我們的心亦漸漸變得麻木不仁，無法接受任何感動。那麼我們被定罪，不是因為信了假道，乃是因為我們忽視天賜的機會，不願接受真理。

聖靈無所不能的力量，就是每一個痛悔之人的保障。主決不容許真心求告祂的人落入仇敵的勢力裡，祂常站在受考驗和受試探的人身邊。靠著那加給我們力量的主，凡事都能作。每當遭遇困難和試煉時，不要先想解決難題，要想如何一心仰望主耶穌。那七十個人歡喜的說：「主啊！因你的名，就是鬼也服了我們。」耶穌告訴他們：「然而，不要因鬼服了你們就歡喜，要因你們的名記錄在天上歡喜。」[註1]一個人在工作上稍有成就時，就容易自滿和自負，而不再倚賴上帝。使徒保羅說：「我什麼時候軟弱，什麼時候就剛強了。」[註2]人越不注重自己，就越能充分地領悟救主的優美；越接近光明和能力的源頭，就得到越多亮光的照耀，越有能力為上帝作工。

耶穌看出這七十個人已經領會真理，便感謝上帝將天上的事啟示給他們。世上許多所謂偉大和聰明的人，憑著學問和智慧，仍不能認識基督的品德。反而這些卑微的漁夫和稅吏們看見並領受了上帝的真光。救贖之道不是哲學能解釋的，永生的奧秘也不是科學能證明的，只能從認識救主的經驗中去體會。

基督一路從加利利走向耶路撒冷，沿途所講的道感動人心，眾人都熱烈專注地聽祂講話。在最後的數月中，祂講了許多比喻，例如：以法利賽人和稅吏的祈禱來責備猶太人的假冒為善；以不結果子的無花果樹和大筵席來預言那不肯悔改的國家所必遭的厄運；還有以切求的寡婦、深夜求餅的朋友、失羊、失錢和浪子的比喻，來有力地闡明「你們祈求，就給你們；尋找，就尋見；叩門，就給你們開門。」日後門徒們出去傳道，在受逼迫、遭苦難時，回想起這次最後行程裡主所說的話，心中就得著力量，信心也得著堅固了。

【註1】路10：2　　【註2】林後12：10

54 良善的撒馬利亞人

人若說『我愛上帝』，卻恨他的弟兄，就是說謊話的；不愛他所看見的弟兄，就不能愛沒有看見的上帝。 約壹4：20

正當基督教訓人的時候，有一個律法師以試探的口吻問：「夫子！我該做什麼才可以承受永生？」眾人都屏息等候主的答覆。祭司和拉比們也暗喜，覺得這次真可陷基督於困境中。但耶穌反問他說：「律法上寫的是什麼？你念的是怎樣呢？」律法師原本就不贊同法利賽人的態度和行為，他是誠心想追求永生的真義。於是他並沒有提出儀文或教條，反而以律法的兩大總綱作為回答，他說：「你要盡心、盡性、盡力、盡意愛主——你的上帝；又要愛鄰舍如同自己。」[註1]耶穌稱讚他說：「你回答的是；你這樣行，就必得永生。」

這律法師的回答，表明了人應以愛上帝為至上，又要愛人如己，這乃基督徒生活的原則。基督銳利的詞鋒使律法師自覺有罪。他沒有在生活中向同胞顯出愛心，但他並不因知罪而悔改，反而希望避免良心的責備，並為自己申辯：「誰是我的鄰舍呢？」這是個經常引起爭議的問題。猶太人不承認異邦人和撒馬利亞人為鄰舍，而在自己本族裡，彼此又劃分各種階層和等級。祭司、拉比、和長老們覺得自己是聖潔的，又怎能與「不潔之人」為鄰舍呢？於是耶穌用一個簡單的故事，說明宗教的本質不在制度、信條或儀式上，乃在於仁愛之心和良善的行為。

耶穌講述的是大家所知道的真事。有一個人在從耶路撒冷到耶利哥的路上遇到強盜。他們搶走了他一切所有，連衣裳也剝下，並將他打個半死，丟在路旁。那時有一個祭司經過，只看一眼就走開了。隨後又來了一個利未人，雖然好奇地想知道出了什麼事，卻不太願意伸出援手，就掉頭而去。祭司和利未人都是在聖殿中供奉聖職的人，上帝讓他們先經過受傷者躺臥的地方，是先給他們機會對遭難的人表示關心，給予同情及幫助。因為摩西的律法指示他們：「若遇見你仇敵的牛或驢失迷了路，總要牽回來交給他。若看見恨你人的驢壓臥在重馱之下，不可走開，務要和驢主一同抬開重馱。」[註2]一個遭難的弟兄，豈不比這些牲畜更貴重嗎？祭司和利未人雖然熟悉這些律例、教訓，卻不將其應用在實際的生活上。當他們走過時，因不能確定傷者是猶太人，就想他或許是個撒馬利亞人，所以寧可棄之不顧。

接著有一個撒馬利亞人經過，看見那受傷的人就動了慈心。他沒有問那陌生人是猶太人或外邦人，也不考慮自身的安危，便停下來幫助他。他脫下外衣替他蓋上，拿為自己所準備的油和酒替他醫治。然後扶那人騎上牲口，扶著他一步一步走到客店，親自照料他一整夜。次日早晨，看到傷者有起色，才放心上路。離開之前，把他託給店主照應，又替他付了賬，並留下一些錢供他使用。臨走時叮嚀店主，如果錢不夠，他會回來替他還清費用。

耶穌說到這裡，定睛看著律法師說：「你想，這三個人哪一個是落在強盜手中的鄰舍呢？」律法師不願說出「撒馬利亞人」

這幾個字，只回答說：「是憐憫他的。」耶穌說：「你去照樣行吧。」基督在此說明我們的鄰舍不只是同一教會或同一信仰的人。應該不分種族、膚色或階級。凡需要幫助的人、被仇敵傷害的人和每一個屬於上帝的人，都是我們的鄰舍。

耶穌用此故事描述祂和祂的使命。人是受撒但擄劫的傷患，救主捨棄祂的榮耀來拯救世人：祂醫治我們的創傷、用義袍覆蓋我們、為我們安排避難所、捨命付出代價救贖我們。那撒馬利亞人服從了慈愛之心的驅使，實際的遵行愛神愛人的典章。今日許多承認主名的人，忘記基督徒的責任乃是代表基督。除非我們在家庭中、鄰里間、教會裡或任何地方都願意犧牲自己的利益成全他人，不然，無論我們的口裡如何說，都不能算是基督徒。當上帝的兒女向世人彰顯憐憫、仁慈和愛心時，就是在為上帝作最美好的見證。「我們若彼此相愛，上帝就住在我們裡面，愛他的心在我們裡面得以完全了。」[註3]

【註1】路10：27　【註2】出23：4、5　【註3】約壹4：12

55 「不是眼所能見的」

屬血氣的人不領會上帝聖靈的事，反倒以為愚拙，並且不能知道，因為這些事惟有屬靈的人才能看透。林前2：14

有幾個法利賽人來問耶穌：「上帝的國幾時來到？」先前施洗約翰所宣揚「天國近了」的信息，三年來好像毫無進展。這些拒絕約翰、又步步反對耶穌的人，言下之意暗示著祂的使命也已失敗。耶穌回答說：「上帝的國來到不是眼所能見的。人也不得說：『看哪，在這裡！看哪，在那裡！』因為上帝的國就在你們心裡。」所以不必東張西望地尋找，上帝的國是從人心裡開始。祂又告訴門徒：「日子將到，你們巴不得看見人子的一個日子，卻不得看見。」門徒們並沒有真正認識主的使命，也沒有體會到有救主與他們同在的快樂。由於自私和屬世的眼光蒙蔽了耶穌所要啟示給他們的屬靈榮耀。直到基督升天，聖靈沛降在他們身上之後，他們才充分地領會救主的使命和品德。當他們想起耶穌所說的話和所行的神蹟時，才如夢初醒，恍然大悟，明白祂曾經道成肉身住在他們中間，他們也見過主的榮光。過去不明白的，如今變成新的啟示，真正照亮了他們的心。

到那時，門徒們就孜孜不倦地考查那些為耶穌作見證的預言。藉著聖靈的幫助，看到自己的愚鈍、軟弱和錯誤。如今他們多麼希望能再到耶穌的面前，聽祂講述真理。這位施洗約翰所宣布的彌賽亞，曾與他們朝夕共處，門徒後悔沒有早些認出祂就是上帝所差來的救主。多馬非要摸過主手上的傷痕才肯相信祂，彼得也在主受辱遇難時否認祂。這些慘痛的回憶，歷歷在目。他們看到自己的不信與盲目，心中懊惱不已。後來為主傳福音，被祭司和官長捉拿下獄時，門徒心中反而歡喜。因為他們終於可以堅定地證明，自己是跟從主而且見過祂榮耀的人。

世人不接受聖靈的啟發，就不得認識基督的榮耀。上帝的真理和作為，決非貪愛世界、與罪惡妥協的基督徒所能領會的。真正跟從主的人，必不行在貪圖安逸、追求虛榮、迎合世俗的路上。他們要力爭上游，不畏艱辛地站在最前線，與黑暗之君爭戰。上帝的國降臨不是肉眼所能看見。上帝的福音具有捨己為人的精神，是不與屬世的精神妥協的。今日的宗教界中，有許多人努力在替基督建立一個屬世的國度，但主說：「我的國不屬這世界。」[註1]要建立上帝的國，必須從個人著手，他必須做一番革心的功夫。祂不靠政府或任何世俗的力量，只靠聖靈在人心運作，培植基督化的品格。

「凡接待他的，就是信他名的人，他就賜他們權柄作上帝的兒女。這等人不是從血氣生的，不是從情慾生的，也不是從人意生的，乃是從上帝生的。」[註2]上帝國度的工作，是靠那些奉祂名宣揚真理的人成就的。人的本份，乃是傳揚並實行上帝的道。正如使徒保羅的經驗：「我已經與基督同釘十字架，現在活著的不再是我，乃是基督在我裡面活著。」[註3]如此行的話，我們必成為基督的使者，將天國的福音傳播給更多的人。

【註1】約18：36　　【註2】約1：12、13　　【註3】加2：20

56 為兒童祝福

我實在告訴你們，凡要承受上帝國的，若不像小孩子，斷不能進去。可10：15

耶穌一向喜愛小孩子，祂悅納他們的天真和淳樸。而救主的慈祥與仁愛，亦深得孩童們的敬愛與信任。猶太人有一個慣例，就是將小孩子帶到拉比面前，請他按手祝福。但是門徒認為主的工作太忙碌了，實在無暇受此攪擾。所以每當看到母親們帶孩子來見耶穌時，他們經常表示不悅。這一次本來只有一個母親領著孩子來找祂，這事便傳開了，於是好些母親帶著孩子一同前來。其中有些孩子已不是嬰兒，而是幼童或少年。門徒看見這群求見耶穌的母親與孩童，就想打發他們離開，免得耶穌受到打擾。祂卻責備他們說：「讓小孩子到我這裡來，不要禁止他們；因為在上帝國的，正是這樣的人。」[註1]於是祂將孩子抱在懷中，為他們按手祝福。母親們既得了安慰，就快樂的各自回家去。今日的母親也當抱著同樣的信心來到耶穌面前，祂知道每一位母親心中的重擔。凡願將自己的重擔卸在主前的母親，必蒙主給予她們安慰和幫助。

耶穌重視每一個家庭的孩子，他們是祂用寶血贖回來的珍寶。在這些兒童身上，祂看到一群將來要承受主恩、並作祂子民的兒女。祂知道他們比成年人容易聽從祂的教訓，接受祂為救主。所以祂極願早日將真理的種子，撒在這些幼童的心田中，這些種子日後必能發芽生長，結出永生的果實。來到主前的兒童有顆容易受教的心，又能牢記所領受的教訓。他們會隨著年齡的增長，得到不同的體驗。所以作父母的，應當給予子女各種機會，使他們效法基督的品德來塑造自己的品格。

兒女是上帝家庭中的一分子，是上帝委託給父母的產業。作父母的，應將基督的教訓和永生的真理，按著子女的智力程度傳授給他們。基督徒的家庭乃是一所學校，上帝要親自與父母一起教導兒女。當母親教導兒女順從時，就是給他們上基督徒生活的第一課。母親的愛在兒女心中就是代表基督的愛。孩子從信賴和順從母親，學習如何信靠和順服救主。作父親的亦要效學耶穌的模範，以身作則地引導子女。父母在教養兒女的事上，要研究上帝在自然界中所賜的教訓。不論是一棵樹或一株玫瑰，都必須在細心呵護、盡心照料之下，才能枝葉茂盛、開花結果。父母亦要以無比的愛心與耐心，依照基督的樣式，陶冶和管教他們，並鼓勵孩子有愛上帝和彼此相愛的心。

自然界是教導兒童認識基督的好方法。父母可從上帝創造的萬物和奇妙作為中，教導他們上帝的愛和定律。不要用冗長的祈禱和煩絮的訓話，乃要藉著自然界的實例來教導子女順從上帝。兒女若能從父母身上看到基督徒的榜樣，就不難向他們傳講基督的愛。

今日耶穌亦同樣地呼籲所有的基督徒，包括教會的職員、傳道人、執事等人。不要阻止任何年齡的人來到耶穌面前，不要讓非基督化的冷酷面孔或鐵石心腸誤表基督。切不可使孩童覺得天國若有你在，就不是個幸福之處。當聖靈在小孩子的心中運行時，成年人務必與聖靈合作，使他們在幼年時期便接受主的呼召，願意獻身給祂。基督不但愛安份的孩子，也愛那些生性叛逆的孩子。祂看重每一個人，願意賜福給每一個孩童。基督的工人可以作祂的代表，引領孩童歸主，以聰明和機智贏得兒童的心，使他們心中有勇氣和希望，樂意作天國的子民。

【註1】路18：16

57 「你還缺少一件」

凡為我的名撇下房屋，或是弟兄、姐妹、父親、母親、兒女、田地的，必要得著百倍，並且承受永生。太19：29

有一位青年人來問耶穌說：「良善的夫子，我該做什麼事才可以承受永生？」這位年輕的官長，家道豐富，身居顯要。他看到耶穌對孩童所表示的愛而受感動，所以他誠懇的來問這個與靈性有切身關係的問題。耶穌回答說：「你為什麼稱我是良善的？除了上帝一位之外，再沒有良善的。」又告訴他若要得永生，就必須遵守上帝的誡命。這位自負的官長說：「這一切我從小都遵守了。」基督望著他，似乎看透了他的一生，並渴望賜他真正的喜樂與平安。主說：「你還缺少一件：要變賣你一切所有的，分給窮人，就必有財寶在天上；你還要來跟從我。」

耶穌喜愛這個青年的誠意，很想造就他，使他覺得自己需要專心效忠上帝，也需要基督的良善品格。其實他正是祂所需要的助手，如果他願意接受主的教導，必能發揮引人向善的力量。基督看出他優秀的品質，切望能夠用他為同工。如果他願意獻身，接受栽培，便可以成為一面鏡子來反照上帝的形像。耶穌洞悉他內心缺少上帝無私的愛，他必須放棄只愛自己的心，才能領受上帝的愛。

這時基督給他一項考驗，要他在天上的財富和地上的尊貴之間作選擇。他若要跟從基督，就必須先要拋開自我、放棄屬世的名利富貴，才能背起十字架，在克己的路上跟從主。基督對他所說的話，乃是對他作出邀請，並向他指出這是得救的唯一條件。人不應愛名利過於愛上帝，亦不能保留任何計畫不交託給上帝。完全的奉獻，毫無保留的奉獻，才是上帝所悅納的。

這官長很快便明白耶穌話中的含意，就憂愁了起來。他是猶太人所尊敬的公會議員，家中產業甚多。他要天上的財寶，但也要今生的名利。他想得永生，卻不願施捨。要他放棄地上看得見的財寶，去追求天上看不見的財寶，這個代價太高了。他既以愛世界為第一，以世間的財富為偶像，就不能遵守上帝的誡命。於是他憂愁的轉身離去，拒絕了聖靈的邀請。從此以後，世界便永遠作他的主宰。

今日有千萬人正面臨著同樣的抉擇，要在基督與世界之間權衡輕重。結果許多人像這位年輕的官長一樣，選擇了世界，離主而去。上帝要求祂的子民在生活中完全彰顯祂的品德。耶穌建議這青年官以財富幫助他人，推進聖工。其實一切財富均是上帝託付給他的，應作造福他人之用。今日上帝也將金錢、才幹、和機會託付給人們，人若遵照上帝的旨意使用這些恩賜，就能成為基督品德的代表，引人歸向耶穌。捨己乃是基督教訓的精華，凡要作主門徒的，都必須學會這門功課。當跟從基督的人將屬上帝的財物歸還給祂時，他們就是積聚財寶在天上。將來主必有更豐盛的賞賜，要給這些又良善又忠心的僕人。凡跟從祂腳蹤而行的人，必因看見他人蒙救贖、得永生而快樂。

58 「拉撒路出來！」

但如今藉著我們救主基督耶穌的顯現才表明出來了。他已經把死廢去，藉著福音，將不能壞的生命彰顯出來。 提後1：10

伯大尼的拉撒路是基督最忠實的門徒之一。他深愛耶穌，救主也十分眷愛他。耶穌常在他家中休息，在那裡不必顧忌法利賽人的猜忌，而得到真誠的歡迎和純潔聖善的友誼。這一家人能領悟主的話，並將祂所說的存在心裡。每當基督講述奇妙的教訓時，馬利亞總是坐在祂腳前靜心聽講。有一次馬大因為忙不過來，甚至請求耶穌吩咐馬利亞起來幫忙。耶穌溫和的回答她說：「馬大！馬大！你為許多的事思慮煩擾，但是不可少的只有一件；馬利亞已經選擇那上好的福分，是不能奪去的。」

馬大所需要的是安詳虔誠的心，少為世事煩憂，多為永生費心。耶穌教導我們，要利用每一個機會追求永生之道。基督的工作，固然需要像馬大那樣熱心積極的工人，但他們應先與馬利亞一齊坐在主的跟前，領受祂的恩典，然後才有得勝的行善力量。

有一天，拉撒路突然病倒了。他的兩個姐姐差人去告訴耶穌，「主啊，你所愛的人病了」。她們以為耶穌一定會立即趕到伯大尼醫治拉撒路。但救主沒有馬上前去，亦沒有表示著急或憂愁。祂只對門徒說：「這病不至於死，乃是為上帝的榮耀，叫上帝的兒子因此得榮耀。」然後又在原地多留兩天。兩天之後，祂才說要往猶太去。門徒知道此時耶穌在猶太地的處境危險，於是想勸阻祂。但主說：「白日不是有十二小時嗎？人在白日走路，就不至跌倒，因為看見這世上的光。若在黑夜走路，就必跌倒，因為他沒有光。」凡遵行上帝旨意，行在祂道路上的人，必受聖靈之光引導，一切都會安全順暢。人若隨從自己的意思，走上帝不叫他走的路，就是行在黑暗中，必會跌倒。

然後祂又說：「我們的朋友拉撒路睡了，我去叫醒他。」基督顯然並沒有忘記在伯大尼的這一家人。門徒以為拉撒路若是睡了，必是病已痊癒。但耶穌在此所指乃是拉撒路死了，對主來說，死了的人乃是在祂裡面睡了。主就明明的告訴他們：「拉撒路死了。我沒有在那裡就歡喜，這是為你們的緣故，好叫你們相信。」其實耶穌看見馬大和馬利亞為兄弟傷心時，祂也感到痛苦。但為要讓門徒和拉撒路的家人藉著這事看到祂的大能，以致信心更為堅強，祂就讓拉撒路死亡。祂的耽擱，乃要使拉撒路從死裡復活。

耶穌往伯大尼去，一路上照常幫助窮苦和患病的人。到了伯大尼，沒有直接到她們家去。祂先打發人去通知她們，自己在一僻靜之處等候。馬大接到通知，便立刻出去迎接主。見到耶穌，她說：「主啊，你若早在這裡，我兄弟必不死。就是現在，我也知道，你無論向上帝求什麼，上帝也必賜給你。」耶穌就告訴她：「你兄弟必然復活。」馬大以為耶穌所指的是末日復活之事，但耶穌說：「復活在我，生命也在我。信我的人雖然死了，也必復活；凡活著信我的人必永遠不死。你信這話嗎？」耶穌在此宣布祂握有生死的鑰匙，祂要以拉撒路復活的神蹟，作為義人復活的代表。馬大告訴主，她相信耶穌是上帝的兒子，然後回去悄悄的將這消息告訴馬利亞。

聽見消息後，馬利亞急忙出去見耶穌，弔喪的人以為她要到墳墓去哭，便跟著她。見到耶穌，她俯伏在祂腳前，哀傷的說與馬大相同的話。耶穌問：「你們把他安放在哪裡？」他們就帶祂到墳地去。祂看到人間為生離死別的哀傷情景，動了恩慈憐憫的心，於是「耶穌哭了。」然而祂不是為拉撒路流淚，乃是為這些一同哀哭的人不久將要謀害上帝的兒子而傷心。祂看到這些人將來要與耶路撒冷一起遭毀滅，看到歷代的罪惡，又看到罪惡帶給人類的痛苦與無望，不禁淚如泉湧。

拉撒路是葬在一個石洞裡，洞口有一塊大石頭堵住。來到墳墓前，祂吩咐他們把石頭挪開。馬大說，屍體都埋葬四天，恐怕已經腐爛了。但主溫和地責備說：「我不是對你說過，你若信，就必看見上帝的榮耀嗎？」在人看為不可能的事，並不能阻礙全能者的作為。耶穌不用自己的話或天使的手挪開石頭，因為祂要人也參與這件事。凡是人力所能作的，祂不會用神力去作，好讓我們與祂合作，一齊完成上帝的工作。石頭挪開後，人們清楚地看見拉撒路的屍體躺在裡面。基督舉目向天說：「父啊，我感謝你，因為你已經聽我。我也知道你常聽我，但我說這話是為周圍站著的眾人，叫他們信是你差了我來。」然後以清晰響亮的聲音呼喊說：「拉撒路出來！」

沉靜的墳墓傳出動彈聲，死人居然站在墳墓門口。耶穌命人將他身上所裹的布條解開，拉撒路就活生生、精力充沛、毫無病

痛地站在眾人面前。見了耶穌，就俯伏在祂腳前下拜。在場的人在一陣驚愕之後，都歡欣讚美上帝。這個家庭重得團圓，心中充滿無限感激。正當他們歡喜慶祝時，耶穌悄然離去。

59 祭司的陰謀

他們的腳奔跑行惡；他們急速流無辜人的血；意念都是罪孽，所經過的路都荒涼毀滅。 賽59：7

伯大尼離耶路撒冷不遠，所以拉撒路復活的消息很快就傳到耶城。猶太官長所派的奸細看見了神蹟，即趕快將一切報告上去。於是猶太公會馬上召開會議，商討對付耶穌的計策。拉撒路的神蹟，證明了基督的神性，許多人因此就相信祂是上帝的兒子。這個奇蹟是在光天化日和眾目睽睽之下發生的，任何巧辯也不能抹煞這樣的證據。如此就使祭司們對祂的仇恨加深，決心要制止祂的工作。

撒都該人雖然不贊成基督，但對祂的仇恨沒有法利賽人那麼的惡毒。撒都該人向來不信死人能復活，拉撒路復活的神蹟推翻了他們的論調。於是他們決定與法利賽人聯手殺害耶穌。法利賽人相信死人復活，而且從這神蹟中看到彌賽亞的確已來臨。但他們恨基督，因為祂揭穿他們的假冒為善，撕破他們偽裝的道德面具，披露他們的假虔誠。因此他們急著要除掉祂，有幾次甚至想拿石頭打祂，均未得逞。

基督在安息日所行的一切神蹟，都是為了解救受苦之人，法利賽人卻想定祂干犯安息日的罪。他們散播謠言，詭稱基督企圖建立一個與希律相抗衡的國度，藉此讓希律黨的人阻擋祂。他們又詭稱基督要推翻羅馬政權，希望煽動羅馬當局反對祂。但是耶穌的作為，深深的打動人心，連他們派去監視的人亦被祂所感動，而不敢下手捉拿祂。最後，猶太人通過一道法令，若有人承認或相信耶穌，即被趕出會堂。祭司、官長和長老們聯合商議，要置耶穌於死地。

在以前的會議中，尼哥德慕和約瑟曾阻攔他們定耶穌的罪，所以這次並沒有被邀出席。但會議中仍有一些人是相信耶穌的，在聖靈的帶領下，有人提出處死基督會激起民間的騷亂，有人又怕如此做會引起羅馬當局的注意。這些原因使公會中的意見不一，無法作出最後的決定。結果大祭司該亞法站起來，他是個自高自大、膽大妄為、內心凶殘的人。他以權威的口吻呼籲大家除掉耶穌，他說：「讓一個人替全民死，免得整個民族被消滅。難道看不出這對你們是一件合算的事嗎？」[註1]他建議犧牲耶穌來保全這個國家，使他們不再受耶穌的威脅。撒但卯足全力影響他們的心志，於是在這關鍵的時刻，他們隨從了撒但，一致接受該亞法的建議。

雖然如此，公會還不敢鹵莽行事，恐怕會激起民怨，便沒有立刻執行他們的計畫。耶穌知道他們的陰謀，就帶著門徒離開那一帶地方。在不必要時，祂決不輕易置身險境作無謂的犧牲。因此作主僕人的，除非是為效忠上帝，否則不可無故冒生命的危險。耶穌在世為人服務了三年之久，祂的克己無私、仁愛聖潔、虔敬、愛上帝的生活成為世人的榜樣。祂一生嘗盡逼迫和侮辱，在人生之路結束之前，竟要與門徒到他鄉另找棲身之所。這位使瞎子看見、聾子聽見、啞巴說話、飢餓的得飽足、憂傷的得安慰、患病的得醫治之救主，這位能使風浪平靜、污鬼退離、死人復活的萬物主宰，卻不能打動這些仇恨填胸之人的心弦！

【註1】約11：50（現代中文譯本）

THE DESIRE
OF AGES

第7卷 臨終的一週

60 天國的定律

既然蒙召，行事為人就當與蒙召的恩相稱。凡事謙虛、溫柔、忍耐，用愛心互相寬容。 弗4：1、2

逾越節近了，耶穌又上耶路撒冷去，祂坦然面對即將面臨的危險，因為祂的心與天父完全一致。這時門徒們的心中仍是充滿疑惑和懼怕。基督召集了十二個門徒，再次將所要發生的苦難曉諭他們，其中包括祂將被出賣、捉拿、凌辱、受鞭打、被殺害和第三日要復活的事，都向他們說明。但是門徒們一心以為彌賽亞是來立國作王的，所以對主所說的這些話，既不明白也不太相信。

西庇太的兩個兒子約翰和雅各，是屬於第一批撇下一切跟從主的門徒。他們甘心樂意的放棄了家庭和朋友，朝夕跟隨著主，他們與耶穌的關係非常密切。尤其是約翰，更是利用每一個機會坐在主身旁，領受祂的恩言。他們的母親也跟從耶穌，並慷慨地捐贈財物，供給祂的需用。所以兄弟二人希望能在耶穌設立的新國度中謀得高位。作母親的亦全力支持他們的抱負。於是母子三人一同來見耶穌，將心中所想的告訴祂。母親對主說：「願你叫我這兩個兒子在你國裡，一個坐在你右邊，一個坐在你左邊。」

耶穌瞭解他們的心意，雖然懷有屬世的私念，但本質上是愛主的。祂不忍責備他們，卻要使他們的愛更加深厚和純潔。祂說：「我所喝的杯，你們能喝嗎？我所受的洗，你們能受嗎？」雅各和約翰自信的說：「我們能。」基督知道擺在祂面前的不是王位，而是十字架。祂說：「我所喝的杯，你們也要喝；我所受的洗，你們也要受。」後來這兩兄弟的確為基督受苦難。雅各是門徒中最先死在刀下的，而約翰則是受逼迫、受苦最久的門徒。祂接著說：「只是坐在我的左右，不是我可以賜的，乃是為誰預備的，就賜給誰。」在上帝的國中，地位不是由偏愛而定；不是賺取而來的；也不是任意給誰就給誰的；乃是人品格的賞賜。冠冕和寶座乃是人達到某種程度的標幟。將來地位最接近基督的人，必是在世上受祂犧牲之愛感化最深的人。這種捨棄一切、至死不渝的精神，表露在使徒保羅的一生之中。

當其他十個門徒聽見雅各和約翰的要求時，心中甚為不悅。他們每一個都想在主的國中謀得高位，深怕被別人搶去。耶穌教導他們不可效法屬世的階級制度，亦不可依靠勢力、財富、才幹或教育來決定地位的高低。祂清楚地說：「正如人子來，不是要受人的服事，乃是要服事人，並且要捨命，作多人的贖價。」基督所訂的是與屬世完全不同的原則。在祂的國度裡，強壯的要體諒軟弱的，聰明的要幫助無知的。一切制度的基礎都建立在愛中，不用欺壓或強制的手段，亦不受任何人的控制或擺佈。於是約翰——這位救主所愛的門徒，在晚年時，對教會的見證是：「我們應當彼此相愛。這就是你們從起初所聽見的命令。」「主為我們捨命，我們從此就知道何為愛；我們也當為弟兄捨命。」註1這就是瀰漫於初期教會中的精神。聖靈沛降之後，使徒就大有能力的見證主耶穌復活，眾人也都蒙大恩。

【註1】約壹3：11、16

61 撒該

人若自潔，脫離卑賤的事，就必作貴重的器皿，成為聖潔，合乎主用，預備行各樣的善事。提後2：21

在往耶路撒冷的路上，正好經過耶利哥，耶穌就進了城。耶利哥位於約但河西岸的平原上，是個繁盛美麗的城市。有許多旅客成群結隊地經過耶利哥往耶路撒冷去過節。大家聽說拉撒路的神蹟，都想要見這位加利利的教師。耶利哥是古時分派給祭司居住的城市之一，因此有許多祭司住在那裡。它原是一個貿易中心，城裡住著羅馬的官員、士兵和各處來的僑民。又因這是收稅的關口，有許多稅吏也住在此地。

稅吏長撒該是個猶太人，雖然有地位和財富，卻受眾人憎惡。人們稱稅吏為不義和勒索的別名。撒該聽過施洗約翰的呼召，心中亦有悔改之念。從聖經的教訓中，他看到自己錯誤的行為。如今聽見耶穌的名聲和祂所行的事，心中便燃起希望，覺得像他這樣的罪人，但仍有重生的可能。他想：在耶穌的門徒中不是也有個稅吏嗎？於是就馬上開始實行悔改的計畫，將詐騙得來的錢財歸還回去。他誠心想改正自己的錯誤，但人們並不相信他。正當他這樣行的時候，耶穌進耶利哥城的消息傳開了。撒該是多麼渴望見祂一面。然而耶利哥的街道那麼擁擠，他的身材又

十分矮小，在人山人海中他什麼也看不見。聰明的撒該，想到一個好辦法：他爬上一棵桑樹，坐在樹枝上，睜大眼睛往下看，等待那快要經過的行列。

忽然有一隊人在桑樹下止步，前後的人群也跟著停了下來。耶穌抬頭看著撒該說：「撒該，快下來！今天我必住在你家裡。」撒該頓時感到受寵若驚，不知所措，幾乎不能相信自己的耳朵。於是他又驚又喜地下來，帶耶穌回到他的家裡。拉比當然對這事甚為不滿，批評祂竟到罪人的家住宿。撒該深深地被主的愛感動，便當眾認罪。他說：「主啊，我把所有的一半給窮人；我若訛詐了誰，就還他四倍。」耶穌對眾人說：「今天救恩到了這家，因為他也是亞伯拉罕的子孫。」

當日的稅吏勾結成夥，他們壓榨人民，並互相支持欺詐的行為。欺騙和勒索，已是他們一貫的作風。可是撒該服從聖靈的感動，立刻拋棄不義的行為，誠心悔改。真正的悔改，是完全棄絕罪惡，將心靈和生命全然歸主。今日的基督徒亦當在一切交易和生活上有「歸主為聖」的記號。如果在任何交易上虧欠人，就當像撒該一樣，承認自己的錯，並給予適當合理的賠償。

撒該悔改後，不但自己蒙福，連全家都與他同得救恩。以前他們是受人鄙視、被拒在會堂之外的，如今卻是全耶利哥城最蒙福的家庭。撒該不僅接待耶穌為家中的尊貴客人，更接受祂成為心中的救主，改變了他人生的方向。

62 在西門家裡坐席

他便救了我們；並不是因我們自己所行的義，乃是照他的憐憫，藉著重生的洗和聖靈的更新。多3：5

伯大尼村的西門，也算是耶穌的一個門徒。他是少數公開與基督門徒來往的法利賽人之一。雖然承認耶穌的教導，但沒有真正接受祂為救主，他的品格沒有更新，人生也沒有改變。西門曾患大痲瘋，並且蒙主醫治。他為了要表示感激，便在基督經過伯大尼時，預備筵席，宴請耶穌和門徒們，同時也請了許多猶太人來赴席。

當時在耶路撒冷的氣氛緊張，因為拉撒路死裡復活的有力見證，使人們對主的興趣更加熱切。祭司和官長們看出自己在民間的勢力日漸減弱，便恨不得早日除掉祂。他們召集了一次會議，計畫要祕密地捉拿祂，並在暗中進行審問，想要儘快將祂定罪。不單如此，他們也決定連拉撒路一起殺掉，免得再節外生枝。

就在這陰謀進行的同時，耶穌和門徒正在西門家裡坐席。在席上，主人西門坐在主的旁邊，拉撒路坐在主的另一邊。馬大亦在席上伺候，而馬利亞則一如往常的坐在旁邊聆聽主言。馬利亞為了拉撒路復活的事，心中非常感激主。她聽見主說自己在世的日子不多了，便買了一瓶昂貴的「真哪噠香膏」來，預備膏祂的身體。在席上趁人們不注意時，她悄悄地打破玉瓶，把香膏澆在耶穌的頭和腳上。隨後，她跪在主腳前流淚哭泣，又用自己的長髮，拭去滴濕祂腳的眼淚。她原以為此舉不會引人注意，但香膏的香味充滿了整個屋裡，在座的每一個人都留意到她所作的事。

門徒中猶大對這事特別不滿，他馬上批評說：「這香膏為什麼不賣三十兩銀子賙濟窮人呢？」這個意見引起了人們的共鳴，大家都指責馬利亞不該如此浪費。猶大在門徒中負責管錢，由於他有些學問和才幹，其他門徒對他都頗為信任。其實他常將所得的錢中飽私囊，挪為己用。他並沒有顧念窮人的心，即使馬利亞將錢交給猶大，他也不會用來幫助窮人。馬利亞聽見他們的議論，心中戰兢不已。她怕受到姐姐的責備，又怕基督不喜悅這事。正想退去時，聽見主說：「由她吧！為什麼難為她呢？她在我身上做的是一件美事。因為常有窮人和你們同在，要向他們行善隨時都可以；只是你們不常有我。她所做的，是盡她所能的；她是為我安葬的事把香膏預先澆在我身上。」

馬利亞並不完全明白她這出於愛心的行為所具有的全部意義。這一切都是聖靈為她計畫的，她只是順從了聖靈的指引去行。正如打破玉瓶使屋內充滿香氣，基督的身體在死去復活之後，將要散發生命的香氣遍及全地。這福音的工作要發出馨香之氣，述說上帝拯救人類的慈愛，直到世界的末了。耶穌喜悅馬利亞，因她切望實行主的旨意。祂悅納她的感恩與奉獻，因她知道，獻給基督的東西沒有一樣能說是太貴重的。

猶大一貫地放縱貪財的私慾，直到這私慾遮蓋了他品格上的每一個優點。主雖然洞悉猶大的種種污點，卻沒有當眾揭發他，免得給他賣主的藉口。但是耶穌向他所表示的神色，使他覺得主已看穿他的偽善。馬利亞的行事受了猶大苛刻的批評，然而基督稱讚了她就是責備了猶大。這次的責備使猶大恨之入骨；他決定要報復。他從席上起來，立刻到大祭司那裡去，提議將耶穌以三十塊銀錢的代價交給他們。

主人西門深受猶大批評的影響，他知道許多客人對耶穌的言談不滿，心中也暗暗不快，認為耶穌不該讓這個低賤的女人接近祂。馬利亞從前是個在罪中生活的人，耶穌曾七次責備那控制她心思意念的魔鬼。她靠著主的力量，脱離墮落，戰勝了罪惡。而西門以前也曾參與引誘她犯罪之事，西門竟因耶穌讓這位墮落婦人接近她，就以為耶穌不是個先生。基督就以債主的比喻喚醒他的良知。祂說有兩人欠了債主的債，一個欠五十兩銀子，一個欠五兩銀子。因為他們無力償還，債主就免了他們的債。那麼這兩人誰比較感謝他呢？西門回答說：「我想是多得恩免的人。」耶穌又指出西門只是以平常的態度接待祂，而馬利亞則是以最敬愛祂的方式表達心中的感恩。耶穌說：「她所表示深厚的愛證明了她許許多多的罪都已經蒙赦免。那少得赦免的，所表示的愛也少。」[註1]西門頓時看到自己的真面目，覺得實在虧欠了主。於是他真心悔改，從一位驕傲的法利賽人變成謙卑克己的門徒。

耶穌知道每一個人的處境，祂決不丟棄任何真心痛悔的人。你越有罪就越需要耶穌，凡來到祂面前祈求饒恕和醫治的人，祂都願意白白賜下赦免和救恩。今日祂仍站在上帝的右邊，替我們祈求。

【註1】路7：47（現代中文譯本）

63 「你的王來到」

錫安的民哪，應當大大喜樂；耶路撒冷的民哪，應當歡呼。看哪，你的王來到你這裡！他是公義的，並且施行拯救，謙謙和和地騎著驢，就是騎著驢的駒子。亞9：9

在基督降生前五百年，先知撒迦利亞就預言祂來到以色列的情形。基督在七日的第一日，凱旋進入耶路撒冷。耶穌決定騎驢進入聖城，便差遣兩個門徒先去村內找一匹驢和驢駒來。祂要找的是一匹從未被人騎過的驢駒。門徒遵照祂的指示，告訴驢的主人「主要用牠」，果然得了應允。於是便興高采烈地將衣服搭在驢上，扶著夫子騎到驢上。他們以為此時耶穌必要進京作王，心中雀躍不已，還一路上將這好消息告訴旁人。跟從這支隊伍的人就愈來愈多，大家從沒想到這位堅稱不作屬世君王的基督，今日竟然以帝王的方式進京。民眾不斷的歡呼，稱頌祂為彌賽亞、以色列的王。他們深信祂榮登寶座的理想即將實現，他們得解放的時候已近。人們將衣服脫下鋪在祂要經過的路上，又把橄欖樹的枝子，墊在路上，手中拿著棕樹枝揮舞著，口中高唱「和散那」，歡呼聲響徹雲霄。

當他們前進的時候，人數不斷增多。大家希奇的問：「這是誰？」他們簡直不敢相信耶穌有此改變。連聚集在城內守逾越節的群眾都擁出城來歡迎耶穌。在聖殿中的晚祭，反而沒有多少人前去獻祭。在這之前，耶穌從不允許這樣的舉動。如今民眾正守著逾越節，在這位真正的羔羊即將犧牲之前，祂要公開表明自己的身分，並將眾人的注意力集中在這快要發生的事上。門徒陶醉在熱鬧的慶祝中，竟忘記主曾再三曉諭祂必犧牲的事。加入這歡慶行列的人數越來越多，裡面有得醫治的瞎子、瘸子、啞吧，也有孤兒寡婦、長大麻瘋被潔淨的、還有死而復活的拉撒路，大家都讚美稱頌祂。

許多法利賽人目睹這景象，心中充滿了嫉妒和憤恨。他們試圖要抑制眾人的情緒，卻反而助長了民眾的熱忱。最後他們擠到救主面前，用責難和威脅的口氣說：「夫子，責備你的門徒吧！」但是耶穌回答說：「我告訴你們，若是他們閉口不說，這些石頭必要呼叫起來。」人無法推翻上帝的旨意，如果不實行上帝的計畫，上帝也能用無生命的石頭發出讚美的聲音，宣揚基督的來臨。

當這行列走到橄欖山頂，正要下山進城時，耶穌停下來，群眾也隨著停了下來。耶路撒冷城壯麗的景色呈現眼前，聖殿富麗堂皇的建築聳立著，與夕陽的光芒相互輝映，形成一幅美景。但在此時，耶穌卻發出哭嚎聲。這哭聲是出自破碎的心靈深處，許多人也跟著這莫明的憂愁而哭。祂並不是為了將要受的苦而流淚，也不是為了自己的犧牲而憂傷。那刺透主心的，乃是看到日後耶路撒冷拒絕救贖恩典的情形。以色列一向是蒙恩的子民，上帝也以他們的聖殿為居所。在一千多年的歷史中，上帝一直眷佑恩待他們，如今這一切都要終止。耶穌舉起手，指著這注定遭

劫的城邑，感嘆的說：「巴不得你在這日子知道關係你平安的事；……因為日子將到，你的仇敵必築起土壘，周圍環繞你，四面困住你，並要掃滅你和你裡頭的兒女，連一塊石頭也不留在石頭上。」[註1]

基督來，原是要拯救耶路撒冷和祂的兒女，但法利賽人以驕傲、偽善和仇恨拒絕了祂。耶穌知道那可怕的報應必臨及這城邑，也看到可憐的居民歷盡浩劫的情景，救主怎能不傷心痛哭呢？此時祂是多麼盼望耶路撒冷所有居民及時悔改，聽從上帝最後的呼召，那麼他們還有得救的機會。寬大慈悲的基督仍為他們代求。耶路撒冷的官長們，接到消息說耶穌帶著一大群人要進城了。當這行列正準備下山時，就被這些官長攔住，並質問他們：「這是誰？」眾人說：「這是加利利拿撒勒的先知耶穌。」門徒被聖靈充滿而引用先知的預言，宣揚祂是「和平的王、猶大支派的細羅、以馬內利、奇妙策士、全能的上帝、彌賽亞，生命的君和世界的救贖主。」

【註1】路19：44

64 註定遭劫的百姓

要報應那不認識上帝和那不聽從我主耶穌福音的人。他們要受刑罰，就是永遠沉淪，離開主的面和他權能的榮光。

帖後1：8、9

基督騎驢凱旋進入耶路撒冷，乃預指將來祂榮耀的復臨。當時祂向祭司和法利賽人說：「從今以後，你們不得再見我，直等到你們說：『奉主名來的是應當稱頌的。』」他們因拒絕基督的第一次降臨，帶來被毀滅的厄運。門徒看出猶太人對主所懷的仇恨，可是不知道這仇恨的結果。祭司和官長們不接受聖靈的感動，反倒憤然制止百姓的聲音。甚至向羅馬官長控告祂將要佔領聖殿，並要在耶路撒冷稱王。耶穌再次向群眾聲明自己無意立國，而且不久之後就要升到天父那裡去。這番話平息了喧嚷的群眾，也感動了羅馬的官員們。他們在耶穌臉上看到仁愛、慈善與溫和的尊嚴。不但沒有捉拿耶穌，反而更加尊崇祂，就轉身指責祭司和官長們滋生事端。

當時耶穌悄然進入聖殿，民眾被剛發生的事吸引到外面去，所以殿中十分安靜。祂留在那裡片刻，憂傷的看著聖殿，然後偕門徒要到伯大尼去。及至眾人要立祂為王時，已經找不著祂了。耶穌整夜禱告，清晨又回到聖殿去。途中經過一個無花果的果園，看見有一棵枝葉茂盛的無花果樹，便到樹下找果子吃。那時並不是無花果成熟的季節，但這樹長滿了葉子，居然沒有結出一顆果實來。於是祂向這棵樹發出嚴厲的咒詛：「從今以後，永沒有人吃你的果子。」次日清晨，當主和門徒再經此地時，看見這棵樹已經枯萎。基督咒詛這棵樹的舉動，令門徒甚感驚異。這與祂素來的行事作風大不相同。祂一向只有救人或醫治人，從不毀滅任何人和物。

這乃是上帝藉著咒詛無花果樹的事，揭開將來的一幕情景，使人看到罪的結局。這棵只有樹葉而不結果子的樹，是預表猶太國。她與其他列國不同，因為猶太人是蒙上帝特別眷愛的子民。他們自稱效忠上帝，誇耀自己的優越，實際上卻是一棵虛有其表的樹，雖然看起來非常茂盛、美麗，但不結果子。猶太人的宗教中，有壯麗的殿宇、神聖的祭壇、衣飾華麗的祭司和賞心悅目的儀式，卻沒有謙卑、仁愛和良善。雖然無花果園中其他的樹都沒有結果子，可是因為它們沒有長滿葉子，人們自然不會希望摘到果實。這些沒有葉子的樹是代表外邦人。他們沒有自稱為事奉上帝的人，也未自誇自己的良善，因此主不怪他們不結果子。猶太人則不然，他們領受了最大的恩惠，就必須為濫用恩惠負責。

耶穌因飢餓，才到無花果樹下尋找食物。同樣的，祂來到以色列家，渴望要在他們身上尋找公義的果實。祂不惜賜下大量的恩典，給他們各種機會和特權，希望他們結出果子。但是他們辜負了上帝的期望和託付，至終受到咒詛、自取滅亡。

這個比喻乃是向各世代的人發出警告：人若在生活上不造福人群、不結善果，就像一棵不結果的無花果樹，終必遭到唾棄。上帝給每一個人領受真光的機會。但這恩典是有期限的，總有一天祂慈愛的聲音和寬容的等待會終止。這日子已經臨到耶路撒冷，耶穌已盡全力想感化他們剛硬的心，但仍遭拒絕。祂只能為這城邑哀哭。今日上帝的真理亦不為多人所接受，世人揀選黑暗，不喜愛光明。他們盲目而行，一點也不知道前面是敗亡的結局。

65 再潔淨聖殿

平安的路，他們不知道；所行的事沒有公平。他們為自己修彎曲的路；凡行此路的都不知道平安。 賽59：8

基督在開始傳道時，曾趕走那些污穢聖殿的人。如今在祂即將完成使命之時，又再看見他們像以前一樣褻瀆聖殿。在那裡，買賣叫價聲、牲畜鳴叫聲以及銀錢叮噹聲，使嘈雜的情況更嚴重。祭司和官長們，一點也感覺不到他們工作的神聖意義。當祭司將牲畜的血倒在祭壇時，他們既看不見這血所預表的基督，更體會不到十字架救贖的愛。獻祭時只有殘忍的屠殺，沒有悔罪改過。神聖的獻祭禮節，成為祭司們的生財之道。這情景激發了耶穌的義怒。

主以銳利的目光橫掃他們，眾人都停下來望著祂，從基督身上顯出的威儀和榮耀，使人生畏。祂以疾厲的聲音說：「經上不是記著說：我的殿必稱為萬國禱告的殿嗎？你們倒使它成為賊窩了。」[註1]於是他們從主面前落荒而逃。聖殿的院內只留下病患和垂死的人，耶穌就為他們服務。等祭司和官長們回來時，他們聽見男女老幼讚美的聲音，又看見病人得痊癒。在他們面前呈現著一幅詳和喜樂的景象。其中有一班可愛的兒童，用快樂的聲音向祂讚美歡呼。聖殿的官長對此大為不悅。於是下令喝止這舉動，他們說上帝的院子不該被兒童的腳步和嬉笑聲玷汙。但耶穌告訴他們：「經上說你從嬰孩和吃奶的口中完全了讚美的話，你們沒有念過嗎？」

法利賽人無言可答，便不敢公然反對祂。第二天他們在猶太公會開會，決定誘引耶穌說一些話，以便找到把柄定祂的罪。於是回到聖殿來問祂：「你仗著什麼權柄做這些事？給你這權柄的是誰呢？」耶穌反問他們：「約翰的洗禮是從哪裡來的？是從天上來的？是從人間來的呢？」祭司們看出自己處於兩難之間，如果說約翰的洗禮來自天上，便承認了約翰所見證的基督；若說約翰的洗禮來自人間，勢必引起百姓的公憤。於是只好說：「我們不知道。」耶穌說：「我也不告訴你們我仗著什麼權柄做這些事。」他們的計謀失敗了，但他們心中的忿怒和仇恨卻更加深了。有許多人看見基督在聖殿中的作為，聽見祂的言論，從那日起就歸向祂，成為祂的門徒。

接著耶穌又以一個故事來指明他們的狀況。祂提到一個人有兩個兒子，他叫大兒子去葡萄園工作。大兒子本來說不去，後來自己反悔就去了。他又對小兒子作同樣吩咐，小兒子答應要去，但後來卻沒有去。耶穌問拉比和祭司們，這兩個兒子，哪一個遵行父命呢？他們未看出這故事的用意，就立刻回答說：「大兒子。」耶穌鄭重地說：「我實在告訴你們，稅吏和娼妓倒比你們先進上帝的國。」這故事中的大兒子代表法利賽人所鄙視的稅吏，他們不聖潔，又拒絕為主工作，但當他們聽到約翰所傳的悔改之道，就接受了福音。而小兒子則代表猶太國的領袖們，他們只有口頭上的順從，卻不以真正的行動實現承諾。

耶穌又再說另一個比喻：有一個栽種葡萄園的家主，將果園和園中的一切，租給園戶之後，就到外國去了。等收成的時候，即差派僕人前去收取果子。不料園戶們拿住僕人，打了一個、殺了一個、又用石頭打死一個。主人又派其他的僕人去，皆遭同一下場。後來打發他的兒子去，園戶們想侵占他的產業，竟然把兒子也殺了。主問他們：「園主來的時候，要怎樣處治這些園戶呢？」祭司和官長回答，應該除滅那些惡人，將葡萄園租給按時交果子的園戶。這個比喻顯示猶太人正是那忘恩負義的園戶，上帝差愛子到他們那裡，結果竟遭他們殺害。藉著這個故事，他們便看到自己的罪狀。

祂慈憐地繼續向他們說：「經上寫著：匠人所棄的石頭，已作了房角的頭塊石頭。……上帝的國必從你們奪去，賜給那能結果子的百姓。誰掉在這石頭上，必要跌碎；這石頭掉在誰的身上，就要把誰砸得稀爛。」基督就是這塊房角石，是猶太人所丟棄的基石。「主乃活石，固然是被人所棄的，卻是上帝所揀選、所寶貴的。你們來到主面前，也就像活石，……因為經上說：看哪，我把所揀選、所寶貴的房角石安放在錫安；信靠他的人必不至於羞愧。」[註2]

基督是萬古的磐石，這石頭廣大無邊，足供人人使用。藉著與祂聯合，祂的生命就充滿我們，任何風暴都不能摧毀我們。那些拒絕耶穌的人，不久就要看見這聖城和國家的毀滅。耶穌這些話，不單是向猶太人所說的，也用來警告各世代不肯接受祂的人。每一個罪人的結局都是相同的，他們因拒絕上帝的恩典，藐視祂的良善，輕視祂的憐恤，而陷入永遠滅亡的深淵中。

【註1】可11：17　　【註2】彼前2：4—6

66 智慧的應答

我們也知道，上帝的兒子已經來到，且將智慧賜給我們，使我們認識那位真實的，……這是真神，也是永生。 約壹5：20

祭司和官長們，靜默地聽著基督的譴責，他們不能反駁祂的話，就更堅決地要陷害祂。於是打發奸細裝作好人，要從祂的話中找把柄。另外還有幾個希律黨的人一同前來，這些人本與法利賽人為仇，現在卻聯合起來對付基督。他們以假裝誠懇的態度問祂說：「夫子，我們曉得你所講所傳都是正道，也不取人的外貌，乃是誠誠實實傳上帝的道。我們納稅給凱撒，可以不可以？」法利賽人向來不服羅馬人徵收捐稅，認為納稅給羅馬政府是違反上帝的律法。耶穌對他們的陰謀瞭如指掌，就說：「為什麼試探我？拿一個上稅的錢給我看！」及至拿了銀錢來，就問他們「這像和這號是誰的？」他們回答說：「是凱撒的。」於是主說：「凱撒的物當歸給凱撒，上帝的物當歸給上帝。」這樣的答覆令他們無言以對。

既然他們處於羅馬帝國的管轄和保護之下，只要不與上帝的指示有衝突，就當安分地盡義務，服從國家的律法，但不可忽視以盡忠上帝為第一要務。基督揭穿這問題中的偽善，同時清楚地劃分出人對地上政府與上帝的本分。法利賽人只好無功而退。

接著輪到撒都該人前來發問。這些人不像法利賽人墨守古人遺傳和注重形式，他們自稱相信大部份的聖經，並以聖經作為行事的標準。但是他們否認有天使的存在、死人的復活和來生的賞罰。尤其在復活的問題上，經常與法利賽人爭辯。雖然撒都該派的人數不多，在一般人民身上沒有多大影響，但卻擁有龐大的財富與勢力。大祭司多由他們中間選出，只是在任職時必須遷就法利賽人的規條。

他們不承認耶穌的言行是由聖靈而來，因為他們認為人的命運是操縱在自己手中，不受聖靈影響。人可以自行超越、自律修身。所以他們嚴格地遵行律法，但缺乏亞伯拉罕的信心和善行。他們不在意他人的需要，專為自己而活。他們決定以復活的問題考問祂，要祂回答在來生的人倫關係是否仍有嫁娶之事。耶穌明白的告訴他們：「你們錯了；因為不明白聖經，也不曉得上帝的大能。當復活的時候，人也不娶也不嫁，乃像天上的使者一樣。……上帝不是死人的上帝，乃是活人的上帝。」人必須承認上帝是創造宇宙和掌管萬有的真神，才能明白復活的奧祕。基督清楚的聲明，如果死人不能復活，聖經的話就失去意義。基督要他們打開心門，接受神聖的真理和永生，並指出人是無法靠自己得救的。撒都該人聽了這話也就啞口無言。

但是法利賽人仍不死心，他們慫恿一位博學的文士，叫他問耶穌，誡命中那一條最重要？他們將十條誡命分為兩部份，前面四條誡命是指人對創造主的本分，而後面六條誡命則是人對同胞之本分。法利賽人向來重視前面四條誡命過於後面的六條。耶穌直接的回答說：「你要盡心、盡性、盡意愛主——你的上帝。

這是誡命中的第一，且是最大的。其次也相倣，就是要愛人如己。」這兩條誡命概括了愛上帝與愛人的原則，亦是十條誡命的總綱。耶穌在此説明前四條和後六條誡命，乃是一個神聖的整體。真正愛上帝的人，必會愛鄰舍如同自己。這位文士認同基督的説法，他相信除了上帝以外，再沒有別的上帝；並且應當盡心，盡智，盡力的愛祂，又要愛人如己，就比一切燔祭和各樣祭祀好的多。這誠實的文士，勇敢地在眾人面前説出對基督的心悦誠服，就蒙主垂憐。耶穌説：「你離上帝的國不遠了。」一切儀文的禮節和道德的律法，若不藉活潑的信心與基督結合起來，便毫無價值。人若不明白道德的律法與救主的關係，律法也必失去它的效用。基督再三説明，律法只能顯出人的過犯，指明人的本分，若要得赦免和能力，就必須仰望耶穌。

主反問法利賽人，基督是誰的子孫？他們異口同聲的回答説：「是大衛的子孫。」雖然他們承認耶穌為大衛的子孫，但沒有認定祂就是上帝的兒子。耶穌引用記載大衛稱祂為主的經文，並問他們説：「大衛既稱他為主，他怎麼又是大衛的子孫呢？」從那日以後，沒有人敢再問祂什麼。

67 法利賽人的八禍

因此，我擊打你，使你的傷痕甚重，使你因你的罪惡荒涼。 彌6：13

基督最後一天在聖殿裡教訓人的時候，耶路撒冷的人群都擁到聖殿的院子裡，聽祂口中所說的每一句話。耶穌以君王的威儀站在眾人面前，提出光明的真理，指責祭司和法利賽人的錯誤，並清楚地警告他們必有的報應。祂首先說：「文士和法利賽人坐在摩西的位上，凡他們所吩咐你們的，你們都要謹守遵行。但不要效法他們的行為；因為他們能說，不能行。」法利賽人根據古人的遺傳，訂立了無數與聖經不符的條文，無理的限制個人的自由。他們強令百姓遵守，但為了方便而免除自己遵守這些條文的義務。他們設法表揚自己的虔誠，外表偽裝謙卑，內心卻充滿貪婪和虛榮。耶穌明確地說：「你們中間誰為大，誰就要作你們的用人。凡自高的，必降為卑；自卑的，必升為高。」為同胞謀幸福，作仁慈憐憫的服事，才是高尚品格的表現。

在這一次教訓中，耶穌提出偽善之人的八項禍害：「你們這假冒為善的文士和法利賽人有禍了！因為你們正當人前，把天國的門關了，自己不進去，正要進去的人，你們也不容他們進去。」祭司和律法師曲解聖經，使許多人的心迷惑了，以致於他們無法明白真理，因而不能得救。

「你們這假冒為善的文士和法利賽人有禍了！因為你們侵吞寡婦的家產，假意作很長的禱告，所以要受更重的刑罰。」基督對他們的勒索和盜用行為，毫不留情的痛斥。他們能欺騙他人一時，但不能欺騙上帝。祂洞察各人心中的意念，並按各人的行為施行審判。此時，耶穌坐在聖殿院子裡，看著眾人到奉獻箱前投錢入庫。有許多財主以誇張的方式將大量的錢幣投入箱內，唯恐別人不曉得他們多麼慷慨捐獻。又看見一位窮寡婦趁人不留意時，匆忙地投入兩個小錢，轉身即走。耶穌叫門徒過來注意這事，在寡婦面前稱讚說：「這窮寡婦投入庫裡的，比眾人所投的更多。」耶穌明白她的心意，她盡其所能，獻上了她僅有的一切。而財主們只為炫耀自己而獻上多餘的錢財，並不影響到他們的生活。上帝看重的不是數目的多少。如果他們所奉獻的是出於一顆愛上帝的心，那麼這區區之數，在上帝眼中都是最可貴的。這兩個小錢投入上帝的庫中，推廣了福音的工作。這寡婦自我犧牲的榜樣，使各世代的人深受感動，成就的效果是不能衡量的。

「你們這假冒為善的文士和法利賽人有禍了！因為你們走遍洋海陸地，勾引一個人入教，既入了教，卻使他作地獄之子，比你們還加倍。」註1

「你們這瞎眼領路的有禍了！你們說，『凡指著殿起誓的，這算不得什麼；只是凡指著殿中金子起誓的，他就該謹守。』……你們又說，『凡指著壇起誓的，這算不得什麼；只是凡指著壇上禮物起誓的，他就該謹守。』」祭司們收受金錢，任意訂定各種罪案是否得赦免。只要獻上金錢或禮物，便准許人背棄誓約，重罪得赦。對一些無足輕重的過錯，反而做出嚴厲的判決。

「你們這假冒為善的文士和法利賽人有禍了！因為你們將薄荷、茴香、芹菜獻上十分之一，那律法上更重的事，就是公義、憐憫、信實，反倒不行了。這更重的是你們當行的；那也是不可不行的。」在此耶穌並沒有廢除繳納十分之一的本分，只是他們訂下繁複的規條壓制百姓，使他們忽略了基本真理。他們注重無意義的繁文縟節，卻忽略了聖潔的真義。

「你們這假冒為善的文士和法利賽人有禍了！因為你們洗淨杯盤的外面，裡面卻盛滿了勒索和放蕩。」

「你們這假冒為善的文士和法利賽人有禍了！因為你們好像粉飾的墳墓，外面好看，裡面卻裝滿了死人的骨頭和一切的污穢。」粉飾好看的墳墓怎樣隱蔽其中腐爛的屍體，祭司和官長們聖潔的外表也怎樣隱蔽著他們的罪孽。

「你們這假冒為善的文士和法利賽人有禍了！因為你們建造先知的墳，修飾義人的墓，說：『若是我們在我們祖宗的時候，必不和他們同流先知的血。』這就是你們自己證明是殺害先知者的子孫了。」在基督的時代，他們浪費大量金錢、時間、精力修飾死人的墳墓，這是拜偶像的行為。他們寧願敬重死人，對活人應盡的本分卻不關心。

這些祭司和官長們因拒絕救主，就使世上所流一切義人的血，都歸在他們自己身上。耶穌以柔和的語氣，對猶太人以前和將來逼害上帝僕人的行為，提出勸告。主為我們留下榜樣，在指責罪行時仍以仁愛為懷，不說衝動和報復的言語。祂憂愁不捨的說：「我多次願意聚集你的兒女，好像母雞把小雞聚集在翅膀底下，只是你們不願意。」說完之後，就召集門徒離開聖殿。在這重要的一天，從基督口中所講出來的寶貴真理，被許多人珍藏在心裡。在祂被釘和復活之後，這些人便站出來，完成主的使命。但是以色列國已經離棄了上帝。耶穌最後回顧聖殿說：「從今以後，你們不得再見我。」從此以後，聖殿中一切的儀式禮節再也不具任何意義了。

【註1】太23：15

68 在聖殿的外院中

棄絕我、不領受我話的人，有審判他的——就是我所講的道在末日要審判他。約12：48

那時，有幾個希臘人來見腓力，說：「我們願意見耶穌。」腓力與安得烈就將這個請求告訴耶穌。基督的工作從表面上看來似乎失敗了，因為祭司和法利賽人始終不肯接受祂為彌賽亞。現在希臘人聽見祂所行的一切，渴望知道祂的使命，就提出要見祂的請求。耶穌欣然應允，對他們說：「人子得榮耀的時候到了。」救主降生時，博士們從東方來朝拜祂。如今在祂生命即將結束時，這些代表世上各國、各族、各民的希臘人，亦從西方來尋找祂。

希臘人的訪問，乃說明主所付出的犧牲必使萬民歸向上帝。不久這些人將看到救主受難被釘十字架的情景，並要將此見證帶到世界各地。因此猶太人和外邦人之間隔斷的牆垣必要拆毀，各國、各方、各民必聽見救恩的信息。在他們身上，基督看見將來大收穫的預兆。但祂必須先受死，才能聚集外邦人歸順上帝。

祂說：「一粒麥子不落在地裡死了，仍舊是一粒，若是死了，就結出許多子粒來。」[註1]五穀的種子必須埋在土壤之下，先發苗、後長穗，然後穗上結成子粒。如此，埋在地裡的種子產生果實，後來果實又種在地裡，循環不已。同樣地，基督在十字架上的死，也要結出果子，將永生賜給萬國萬民。一粒麥子若不死，就結不出更多的子粒來。基督若選擇不死，就不能帶來新生命。祂說：「愛惜自己生命的，就失喪生命；在這世上恨惡自己生命的，就要保守生命到永生。」凡願與基督同工結果子的人，必須先「落在地裡死了」。凡在今生為基督的緣故犧牲自己生命的人，必要保守生命到永遠。那專為自己而活的人，就像被吃掉的五穀，不能繁殖。當他的生命消逝之後，便萬事皆空，一無所有了。

耶穌又說：「若有人服事我，就當跟從我；我在哪裡，服事我的人也要在那裡；若有人服事我，我父必尊重他。」凡與耶穌一同背負十字架的人，必要與祂同享榮耀。當門徒看見自己的勞苦和犧牲結出果子時，他們也要與主同享這喜樂。

希臘人來見耶穌，不但預示著外邦人的歸主，也使耶穌想起祂整個使命，從天上計畫之初，直到將臨的死，救贖工作都展現在眼前。祂悲哀的說：「父啊，救我脫離這時候。」基督看到自己將在眾人面前受辱，背負人類罪惡的重擔和承受天父對罪所發的忿怒，祂的人性不禁感到畏懼。但祂最後還是決心順從天父的旨意。祂說：「但我原是為這時候來的。父啊，願你榮耀你的名。」當耶穌說這話時，停在祂頭上的雲彩傳出聲音，說：「我已經榮耀了我的名，還要再榮耀。」[註2]同時從雲彩中射出一道光環繞著基督，宛如全能者的膀臂懷抱著祂，形成一道火牆。眾人見此景象，無不驚訝和恐懼。有人以為這聲音是雷聲，還有人以為是天使在對祂說話。大家都定睛看著耶穌，然後這雲彩上升，消逝於天邊。這些希臘人看見雲彩，聽見聲音，就明白其中的意義，並確認祂是上帝所差來的救主。

在耶穌受洗開始傳道時，有聲音從天上傳出來；在祂登山變像時，又再次傳出上帝的聲音；如今祂的工作即時結束，上帝要讓更多人聽見天上所發出的聲音，藉此印證耶穌在世的使命。基督接著說：「現在這世界受審判，這世界的王要被趕出去。我若從地上被舉起來，就要吸引萬人來歸我。」耶穌這話原是指著自己將要怎樣死說的。撒但在人心中的權勢即將被打破，上帝在人身上的形像即將恢復，這些都是基督之死的結果。而且上帝的愛亦藉著基督的犧牲，向全宇宙彰顯出來。有人問道：「我們聽見律法上有話說，基督是永存的，你怎麼說『人子必須被舉起來』呢？這人子是誰呢？」耶穌對他們說：「光在你們中間還有不多的時候，應該趁著有光行走，……信從這光，使你們成為光明之子。」官長中有好些人心裡相信耶穌，只是因法利賽人的緣故，不敢公開承認。現今也有許多人只求人的讚許，而不求上帝的喜悅，便與永生無分。耶穌帶著惋惜之情離開聖殿，再也不回來了。

【註1】約12：24　　【註2】約12：28

69 在橄欖山上

這樣，你們看見這些事漸漸地成就，也該曉得上帝的國近了。路21：31

基督對祭司和官長們提出聖殿將毀的警告，使他們心中不安。門徒也感到凶險將臨，急切想從耶穌口中得知更多的事情。當他們看著偉大壯麗的聖殿，更是難以相信這堅固的石牆怎會傾覆。但耶穌憂愁的説：「將來日子到了，在這裡沒有一塊石頭留在石頭上，不被拆毀了。」及至祂單獨坐在橄欖山上時，彼得、約翰、雅各和安得烈到祂面前，要耶穌將世界末了和祂降臨時的預兆告訴他們。在給門徒的回答中，祂把耶路撒冷的毀滅和祂的降臨之事併為一談，讓他們去研究其中的意義。這篇言論不單是對門徒講的，也是對末世的人説的。

祂首先對他們説：「你們要謹慎，免得有人迷惑你們。因為將來有好些人冒我的名來，説：『我是基督』，並且要迷惑許多人。」從祂死直到耶路撒冷被圍困之間，的確出現了許多假基督。在末世亦是如此。基督又説：「你們也要聽見打仗和打仗的風聲，總不要驚慌；因為這些事是必須有的，只是末期還沒有到。民要攻打民，國要攻打國；多處必有饑荒、地震。這都是災難的起頭。」當拉比看到這些徵兆時，就説這是上帝降下的刑罰，其實這些災難都是來自人們的罪惡。

「那時，人要把你們陷在患難裡，也要殺害你們；你們又要為我的名被萬民恨惡。」基督徒要受各樣的逼迫，甚至被父母、兒女或親友陷害。因此許多人要跌倒，背棄曾一度擁護的信仰。耶穌教導門徒要怎樣逃避這些迫害，祂說：「你們看見耶路撒冷被兵圍困，就可知道它成荒場的日子近了。那時，在猶太的應當逃到山上；在城裡的應當出來；在鄉下的不要進城。」「你們應當祈求，叫你們逃走的時候，不遇見冬天或是安息日。」這警告是為四十年後耶路撒冷遭毀滅時說的。基督徒順從了這警告，因此當聖城淪陷時，沒有一個遇難。

接著基督提到末日的大事——祂的復臨。在此之前，祂看到漫長的黑暗時期。一千多年的災難和逼迫，祂的教會要經歷流滿鮮血和眼淚的痛苦。災難一過去，大逼迫停止後，日頭變黑、月亮不放光、眾星墜落、天勢震動。這些都顯明主降臨的日子已近。在基督復臨之前依然有假先知、假基督起來迷惑眾人，甚至宣揚基督在曠野或某地方出現。耶穌說祂降臨時，閃電從東邊直照到西邊，人子駕著雲彩，有天使的號筒聲，召聚來自四方的選民。祂來乃是要使死人復活，使活著的聖徒改變，將愛祂的忠心信徒接回天家。

但是基督第二次降臨的日子和時辰，是上帝的奧秘，沒有人知道祂何時顯現。正如挪亞的日子，人們照常吃喝嫁娶，不知不覺中洪水就來了，人子降臨時也是這樣。我們要學習挪亞的順從，時刻儆醒地等候主臨，就必得救。耶穌說：「主人來到，看見他這樣行，那僕人就有福了。」許多人沉溺在安逸享樂之中，忽視主給他們的警示和預兆。在他們想不到的日子，主就像賊偷襲一般地來臨。如今做選擇的時候已到，寬容的時期即將結束，恩典之門不久即要關閉。我們是否仍然活在醉生夢死的生活中？還是「時時警醒，常常祈求，使你們能逃避這一切要來的事，得以站立在人子面前？」

70 「我這弟兄中一個最小的」

愛上帝的，也當愛弟兄，這是我們從上帝所受的命令。

約壹4：21

耶穌在橄欖山上，向門徒敘述審判之日的情景。祂說，當萬民聚集在祂面前時可分為兩等人，而審判的要點，在於他們對需要幫助之人作過什麼，或忽略了什麼。到那日，祂將人分成左右兩邊。祂要對坐在右邊的人說：「你們這蒙我父賜福的，可來承受那創世以來為你們所預備的國；因為我餓了，你們給我吃，渴了，你們給我喝；我作客旅，你們留我住；我赤身露體，你們給我穿；我病了，你們看顧我；我在監裡，你們來看我。」這些受稱讚的人，並不知道自己曾經對主作過這些事。主說：「這些事你們既做在我這弟兄中一個最小的身上，就是做在我身上了。」

耶穌告訴門徒，許多人要受逼迫、遭苦難。凡為主捨棄朋友或家庭的人，必得百倍的賞賜。從這些人的身上，就可認出主來。身為主的門徒，就要服事他人，如同服事主一般。上帝所創造的人類，都是主耶穌的弟兄，凡重生後加入天上家庭的人，更是我們在主內的弟兄。那些為基督所稱讚的人，可能沒有多少神學的知識，但他們心中具有基督的精神，能夠造福他人。在異教徒中也有許多宅心仁厚的人，雖然未聽過生命之道，但願意冒生命危險去幫助傳道士。還有一些外邦人，因無人將真光傳給他們，而在蒙昧無知中敬拜上帝。這些人的行為證明聖靈已感動他們的心，他們必不至滅亡，而被稱為上帝的兒女。

基督的愛並不限於給某一階級的人，祂視世上的每一個兒女與自己為一體。為了使我們成為天家的一分子，祂成為地上家庭的一分子。既是人子，便是亞當後代每一個人的弟兄。作主的門徒不可與周遭的人脫節，要視他們如兄弟，因為墮落、犯錯、和有罪的人，都被基督所接納。因此，每一樣援助他們的善行，都必蒙上帝悅納。天使奉差遣在地上四方奔走，安慰憂傷的人，保護遇險的人，使人心歸向基督，而且從不忽略任何人。凡上帝所造之人，祂都同樣眷顧。當我們行善助人時，乃是與天上的使者同工，為需要之人服務。

那些坐在基督左邊的人，看不見自己對弟兄們應盡的本份，一心只為自己打算，毫不顧及他人的需要，因而在不自覺中忽略了基督。他們沒有惻隱之心，亦缺乏愛人之心。主說，那餓了、渴了的是我，那作客旅的也是我，那病了的是我，那在監裡的也是我。在你們一生的年日中，我在這些受苦者之中，離你們不遠。可是你們沒有尋求我，你們既不願與我相交，所以我不認識你們。我們無須到聖地或其他地方尋找主的腳蹤。其實在每一個需要安慰和幫助的人身上，我們均可找到祂的蹤跡。我們行基督在世所行的事，便是跟著祂的腳蹤行了。人人都可以找到可行的善事，在世間還有多人仍在罪中受苦，我們有義務去為他們服務。基督所定的人生原則是：「無論何事，你們願意人怎樣待你們，你們也要怎樣待人。」[註1]

許多初作門徒的人，因為忽略了服事人的工作，而在靈性上不得長進。有些信徒雖然貧窮、沒有學問、沒有名望，然而他們在基督裡為家庭、鄰里、和教會服務，他們熱心服事的果效存到永遠。凡服事他人的，必受大牧者的服事。他們必飲活水，並且得到滿足。在與主同工時，亦會滿心火熱地與人分享主的應許。耶穌臨別時的命令是：「你們要彼此相愛，像我愛你們一樣。」[註2]愛人就是在地上表現上帝的愛。當我們愛世人如同主愛世人一樣的時候，祂的使命就在你我的身上成就了。我們得進天國，因為天國已存在我們心中。那些不為基督工作、只顧自己的人，在末日審判時，將與作惡的人受到相同的刑罰。如今每一個人都受到同樣的委託，將來大牧者必質問：「先前賜給你的群眾，就是你佳美的群眾，如今在哪裡呢？」[註3]

【註1】太7：12　【註2】約15：12　【註3】耶13：20

71 僕人的僕人

他本有上帝的形像，不以自己與上帝同等為強奪的；反倒虛己，取了奴僕的形像，成為人的樣式；既有人的樣子，就自己卑微，存心順服，以至於死，且死在十字架上。腓2：6—8

耶穌帶著門徒到耶路撒冷的一所樓房裡，與他們一起過逾越節。祂要用剩餘不多的時間和他們相處，因為主知道自己是逾越節的羊羔，被殺獻祭的時刻已近。往常他們總是愉快的過節，但這次門徒看得出主心中憂愁，臉上籠罩著陰影。當他們坐席的時候，基督傷感的說：

「我不再吃這筵席，直到成就在上帝的國裡。」又接過杯來祝謝之後說；「你們拿這個，大家分著喝……從今以後，我不再喝這葡萄汁，直等上帝的國來到。」此時祂知道自己即將離世，痛苦刺透了祂的心。雖然已看到所要受的屈辱和犧牲，但祂眼前最關切的還是這十二個門徒。

在這最後一個和門徒相聚的晚上，耶穌有許多話要告訴他們。但是他們中間卻起了爭論，他們想知道在主面前誰最大，每個人心中都渴望在祂的國中居最高位，先前雅各和約翰要求坐在基督寶座左右兩邊，早已引起大家的不滿。尤其是猶大，一進樓房便挨著基督，坐在祂的左邊。約翰則坐在右邊。按照當時的習

俗，應有一個僕人為賓客洗腳。洗腳的用具已準備齊全，卻沒有僕人前來侍候。按理說這工作應由門徒來做，但他們心存驕傲，無人願意作僕人的差事。大家都坐著不動。耶穌等了片刻，便起來脫下外衣，拿起手巾，自己束上腰。隨後把水倒入盆內，替門徒洗腳，並用所束的手巾擦乾。主如此行，當場令門徒既驚訝又羞愧，為他們留下了永誌難忘的榜樣。

在逾越節之前，猶大第二次去見祭司和文士，商討出賣耶穌之事。他混在門徒中間裝作若無其事、興高采烈地和大夥兒一同過節。門徒對他的企圖毫無所知，惟有耶穌洞悉他的祕密。可是主沒有揭穿他的詭計，因為祂仍想挽救猶大。按照當時位置的次序，耶穌第一個先為猶大洗腳。當主親手為他洗腳時，猶大的心曾深受感動。但他不願自卑，不肯悔改，反而覺得耶穌這種行為不配稱王，自己從祂那裡再也得不到什麼益處，因此下定決心棄絕並出賣基督。

其他的門徒對夫子的舉動大為感動。輪到彼得時，他連忙喊著說：「主啊，你洗我的腳嗎？」耶穌說：「我所做的，你如今不知道，後來必明白。」彼得再次說：「你永不可洗我的腳！」因為他覺得實在不配接受主的服事。但耶穌鄭重地告訴他：「我若不洗你，你就與我無分了。」彼得如果不讓基督洗他的腳，就代表拒絕讓主洗除心中的罪。真實的謙卑，乃是以感謝的心領受主恩，並願意為基督服務。彼得聽見此話，馬上放棄了驕傲和固執，對耶穌說：「主啊，不但我的腳，連手和頭也要洗。」耶穌卻說：「凡洗過澡的人，只要把腳一洗，全身就乾淨了。」

在此，基督所指的乃是屬靈上的潔淨。門徒雖然已在主的泉源中得潔淨，但仍會受試探和犯罪，還是需要祂那使人潔淨的恩典。我們信主的人和門徒一樣，必須時常來到基督面前，接受祂潔淨罪惡的恩典。基督洗完他們的腳後，就穿上衣服，坐下，對他們說：「我是你們的主，你們的夫子，尚且洗你們的腳，你們也當彼此洗腳。我給你們作了榜樣，叫你們照著我向你們所做的去做。」[註1]基督在祂的生活和教訓中，已經立下了一個為他人服務的模範，並藉此設立了一個宗教的禮節。這洗腳的謙卑禮就成為一個神聖的儀式，讓人在領受聖餐之前，先要除去自私、自滿、自負、弟兄間的誤會和一切罪惡的意念。當心靈得潔淨之後，才能為人群從事無私的服務。這樣的互相服事，便能使我們與主一同承受天上永恆的寶藏了。

【註1】約13：14、15

72 「為的是記念我」

你們每逢吃這餅，喝這杯，是表明主的死，直等到他來。

林前11：26

逾越節的設立，原是為了記念以色列人從埃及被拯救出來。如今基督設立聖餐禮，乃是要記念祂犧牲所完成的拯救。救主要廢除那預表祂死的表號和儀式，因為「上帝的羔羊」——耶穌即將獻上自己為贖罪祭。當祂和門徒吃這最後筵席時，猶太人的逾越節將成過去，從此祂的信徒要遵守聖餐禮，銘記主為他們所行的偉大作為。

當初以色列人在埃及蒙救贖的那夜，他們是站著吃逾越節的晚餐，並且腰間束帶，腳上穿鞋，手中拿杖，預備趕路。到了基督的時代，他們不再逃難，而是側身靠在榻上吃這筵席。這時基督拿起餅來，祝謝後就擘開，遞給門徒，說：「你們拿著吃，這是我的身體。」又拿起杯來，祝謝了，遞給他們，說：「你們都喝這個；因為這是我立約的血，為多人流出來，使罪得赦。」當時他們吃喝的餅和酒，是沒有發過酵的。酵是罪和死的表號。因此，代表無瑕疵的羔羊，必須是無酵的餅。主說：「從今以後，我不再喝這葡萄汁，直到我在我父的國裡同你們喝新的那日子。」

當時猶大也在場，他從主的手中領受了預表祂捨身流血的餅和酒。當主在替門徒洗腳時，就已洞悉他心中的惡念。祂說：「你們是乾淨的，然而不都是乾淨的。」到了一同坐席時，耶穌更明確的說：「你們中間有一個人要賣我了。」所有在座的門徒就憂愁起來。他們一個個惶恐不安的問耶穌：「主，是我嗎？」耶穌回答說：「同我蘸手在盤子裡的，就是他要賣我。人子必要去世，正如經上指著他所寫的；但賣人子的人有禍了！那人不生在世上倒好。」猶大的靜默，引起大家的注意，因此他也假意的問：「拉比！是我嗎？」耶穌嚴肅地回答說：「你說的是。」猶太因自己的陰謀被揭露，慌張地起來，主便對他說：「你所做的，快做吧！」於是猶大吃了點餅，就立刻離去。這個叛徒做了最後決定，便走入永遠的黑暗中。

基督對猶大顯示了百般的寬容和忍耐，在他二度與祭司立約賣主之後，仍然給他悔改的機會。主明知猶大將背叛祂，依然設法挽救他。耶穌在樓房裡一樣為他洗腳、同吃聖餐，這為我們立下了榜樣。當弟兄犯錯或犯罪時，千萬不可離棄他或與他隔離。正因為門徒有錯誤和缺點，基督才為他們洗腳，使他們能夠悔改。主不要我們擅自審判別人，排斥他人參加聖餐。即使有一些不誠心愛慕真理或不配領受神恩的人願意參加，都不應禁止他們。基督必藉著聖靈感化他們，叫人知罪悔改。那曾為猶大洗腳的主，渴望洗去每一個人心中的罪污。每一個信徒都當公開參與聖餐，藉此證明已接受基督為個人的救主。基督既與門徒一同吃餅、喝葡萄汁，就與他們立約，使上帝兒女都能享受今世和來生的福惠。

聖餐不是一個悲哀的禮節，在守聖餐時亦不可只看自己或別人的缺失。因為洗腳的謙卑禮已使人作了自省、認罪及彼此和好的功夫。如今不是站在十字架的陰影下，乃是站在十字架救恩的光明中。要在基督寶血洗淨內心之後，打開心門與祂快樂的相交。聖餐禮也預表基督的復臨，要將這指望銘刻在門徒的心中，使他們在苦難中，因有此盼望而得安慰。同樣地，我們應當時常藉著領受聖餐記念耶穌的愛，並且與弟兄們在主內彼此相契合。

主說：「吃我肉、喝我血的人常在我裡面，我也常在他裡面。永活的父怎樣差我來，我又因父活著；照樣，吃我肉的人也要因我活著。」[註1]

每當我們領受這餅和酒時，應回想起那樓房裡所舉行的最後晚餐。當我們思念主的偉大犧牲，仰望十字架所發出的光芒時，心靈必得潔淨，品格必得改變，必能成為世上的光，將主奇妙的大愛照亮他人。

【註1】約6：56、57

73「你們心裡不要憂愁」

你們這因信蒙上帝能力保守的人，必能得著所預備、到末世要顯現的救恩。因此，你們是大有喜樂；但如今，在百般的試煉中暫時憂愁。彼前1：5、6

在猶大離去後，基督與十一個門徒談論即將來臨的離別，祂充滿慈愛的說：「小子們，我還有不多的時候與你們同在；後來你們要找我，但我去的地方你們不能到。」門徒聽了這話，就甚憂愁。他們一直緊隨著耶穌，如今要分離，不禁感到疑慮不安。主要把他們的思想從地上的漂流之所，轉向天上永遠的家鄉。祂說：「你們心裡不要憂愁；你們信上帝，也當信我。在我父的家裡有許多住處；若是沒有，我就早已告訴你們了。我去原是為你們預備地方去。我若去為你們預備了地方，就必再來接你們到我那裡去，我在哪裡，叫你們也在那裡。我往哪裡去，你們知道；那條路，你們也知道。」基督離開門徒，並不是永遠的離別。當祂去為他們預備住處時，他們也要依照祂的樣式，在地上建造自己的品格。

常為疑惑所困的多馬問：「主啊，我們不知道你往哪裡去，怎麼知道那條路呢？」耶穌說：「我就是道路、真理、生命；若不藉著我，沒有人能到父那裡去。你們若認識我，也就認識我的父。從今以後，你們認識他，並且已經看見他。」到天國的道路不多，人不能任意走自己的路，耶穌是我們到上帝面前唯一的道路。這時腓力大聲說：「求主將父顯給我們看，我們就知足了。」基督痛心地問他說：「我與你們同在這樣長久，你還不認識我嗎？人看見了我，就是看見了父……你們當信我，我在父裡面，父在我裡面；即或不信，也當因我所做的事信我。」基督說這話時，臉上發出上帝的榮光，深深的吸引了門徒的心。

基督接著說：「我所做的事，信我的人也要做，並且要做比這更大的事，因為我往父那裡去。」[註1]這話不是指門徒要做更比他偉大的工作，乃是說他們工作的範圍將更為寬廣。在主升天之後，門徒成為祂被釘、復活和升天的見證，主所說的應許實現了！對現今各世代的教會，亦是如此，凡樂意忠心為主工作的人，必定能成就更大的事。救主教導他們要奉祂的名祈求力量和恩典，無論求什麼，祂必應允成就。耶穌又說：「你們若愛我，就必遵守我的命令。」凡愛祂的人，要藉著真實的順從來顯明愛主的心。

主又說祂將賜保惠師與他們同在，就是真理的聖靈。自救贖工作開始以來，聖靈就不斷在人心裡運行。祂是基督的代表，但沒有人類的形體，因此祂能不受限制，無所不在。藉著聖靈，人人都可以就近救主。無論何時何地，在孤單無助時，聖靈必奉差遣而來，幫助、扶持、保護和鼓勵我們。這位保惠師的工作是闡明真理，並引人明白真理。「他既來了，就要叫世人為罪、為義、為審判，自己責備自己。」有了聖靈，救贖大工才有實效。有了聖靈，人心才能甦醒，品格才得改造。人無論受多深的教育，有多大的才能，若沒有聖靈的合作，就不能成為傳遞真光的使者。上帝藉著聖靈在祂子民心中運行，成就祂的美意。

在樓房中，耶穌提到彼得會否認祂。當時彼得極力抗辯的說：「眾人雖然跌倒，我總不能。」註2但耶穌說他在那夜必三次不認主。彼得依然辯稱：「我就是必須和你同死，也總不能不認你。」註3彼得雖然真心愛主，但因過於自恃而經不起考驗。主給他這警告，是要他自我省察。

飯後救主領他們唱了一首讚美的詩歌，就帶著門徒離開樓房，往橄欖山去。到了山下的客西馬尼園，這是祂常去默想、禱告的地方。那時皓月當空，耶穌指著眼前一棵茂盛的葡萄樹，說：「你們要常在我裡面，我也常在你們裡面。枝子若不常在葡萄樹上，自己就不能結果子；你們若不常在我裡面，也是這樣。我是葡萄樹，你們是枝子。」註4枝子必須成為葡萄樹的一部分，保持不間斷的連接，才有生命結出果子來。「因為離了我，你們就不能做什麼。」註5枝子可能表面上仍接在樹上，但沒有生命的連接，是不會生長和結果子的。同樣地，如果基督徒自稱與主聯合，但在品格和行為上結不出果子，就要像枯乾的枝子，被扔在火裡燒掉。祂又說：「我父是栽培的人。凡屬我不結果子的枝子，他就剪去；凡結果子的，他就修理乾淨，使枝子結果子更多。」「你們多結果子，我父就因此得榮耀。」註6

在這最後相聚的時刻，主賜給他們一條新命令——要彼此相愛，像基督愛他們一樣。恩典的工作就是在愛人、捨己和犧牲上不斷的服務。愛是作基督徒的憑據。主說：「你們若有彼此相愛的心，眾人因此就認出你們是我的門徒了。」末了耶穌給他們更大的應許和指望，祂說：「我將這些事告訴你們，是要叫你們在我裡面有平安。在世上，你們有苦難；但你們可以放心，我已經勝了世界。」[註7]雖然他們會遇到阻礙，但靠著祂的力量必能勝過一切。耶穌為他們祈求，使他們能夠完全的合而為一，共同負起傳福音的使命。

【註1】約14：12　【註2】可14：29　【註3】太26：35
【註4】約15：4、5　【註5】約15：5　【註6】約15：8
【註7】約16：33

第8卷 釘十字架

74 客西馬尼園

他誠然擔當我們的憂患，背負我們的痛苦；耶和華卻定意將他壓傷，使他受痛苦。耶和華以他為贖罪祭。賽53：4、10

逾越節之夜，明月高掛照耀著大地，救主和門徒們徐緩地走向客西馬尼園。這裡原是基督常來默想和祈禱的地方，但在這最後一夜，祂的心情沉重而憂傷。如今祂必須擔負墮落人類的罪惡，上帝的光輝似乎離開祂了。當他們走進園子的時候，門徒注意到主的改變。祂顯得步履蹣跚，沉默寡言，心事重重。到了園子門口，就把門徒留在那裡，並囑咐他們要為自己和祂禱告。然後只帶著彼得、雅各和約翰三個人，走向園內僻靜之處。這三位門徒與祂最親近，他們曾親眼目睹祂登山變像的榮耀，又親耳聽見天上發出的聲音。在這一夜，耶穌希望他們與祂一起整夜祈禱。便對他們三人說：「你們在這裡等候，和我一同警醒。」

祂離開他們稍往前走，在不遠的地方，俯伏在地。主感覺到罪使天父與祂隔絕，前面一片黑暗險惡，祂必須獨自與撒但作最後一次的搏鬥。當基督想起祂所要拯救的子民竟然參與撒但的陰謀殺害祂時，心如刀扎，痛苦萬分。祂向天發出悲痛的呼求，說：「我父啊，倘若可行，求你叫這杯離開我。然而，不要照我的意思，只要照你的意思。」在祂心靈極痛苦的這一刻，祂渴望得到門徒的鼓勵和安慰。所以勉強站起來，到他們被留下的地方，卻看見他們睡著了。門徒們並沒有認識到，儆醒祈禱是抵擋試探的最佳辦法。他們因為過於自信，而忽略主的勸勉，在主最需要時，被睡魔絆倒。門徒被耶穌驚醒，在朦朧中彼得聽見主說：「西門，你睡覺嗎？不能警醒片時嗎？總要警醒禱告，免得入了迷惑。你們心靈固然願意，肉體卻軟弱了。」

於是祂回到先前禱告的地方，像一根被狂風吹折的蘆葦，獨自與惡勢力掙扎，祂的汗珠如大血點，滴在地上。當主再次去看門徒時，他們仍在睡覺。在睡夢中，他們隱約聽到祂的呻吟，只是眼睛困倦，無法自拔。耶穌又回到原來禱告的地方，戰兢地說：「我父啊，這杯若不能離開我，必要我喝，就願你的意旨成全。」註1 祂已下定決心，付出一切代價拯救世人，使億萬沉淪之人得到永生的盼望。既作了決定，便仆倒在地。此時上帝與眾天使以及那未墮落的諸世界，都看到了主的痛苦。眾天使渴望能解救祂，卻不能代替祂走這條路。忽然天開了，有一線光明射入黑暗中，有一位大能的天使來到基督身邊。天使來，不是要將苦杯拿走，乃是要加添祂的力量，鼓勵支持祂走完這艱辛之路。基督的痛苦雖沒有止息，卻得著上天所賜的能力，面對這一切苦難。門徒被環繞救主的榮光驚醒，看見天使安慰仆倒在地的夫子，隨後又睡著了。耶穌憂傷地說：「現在你們仍然睡覺安歇吧！時候到了，人子被賣在罪人手裡了。」

正當祂說話時，就聽見暴徒的腳步聲。耶穌叫醒門徒，迎著賣祂的人問：「你們找誰？」他們回答說：「找拿撒勒人耶穌。」耶穌告訴他們：「我就是！」此時，剛才伺候耶穌的天使，置身於耶穌和暴徒之間，有一道光芒射在主的臉上。祭司、長老、兵丁、甚至猶大，都仆倒在地，像死人一樣。耶穌原本可以趁機逃脫，但祂卻泰然自若地站在那裡。不一會兒，這些人站起來圍著基督，深怕祂逃跑。耶穌再次問他們要找誰，他們的回答與先前一樣。

猶大早已給捉拿耶穌的人一個暗號：「我與誰親嘴，誰就是他。」他走到耶穌面前，一副知己朋友的樣子，與祂親嘴，並說：「請拉比安。」耶穌對他說：「朋友，你來要做的事，就做吧。」「猶大！你用親嘴的暗號賣人子嗎？」猶大毫無悔意的站在那裡，暴徒們便上前捉拿耶穌，拿出繩子捆綁祂的雙手。情急之下，彼得就冒失地拔出刀來，削掉大祭司僕人的右耳。耶穌卻說：「由他們吧！」並摸那受傷的耳朵，傷口立時就痊癒了。主又告訴彼得不要動刀，假若祂不願意走這條路，難道天父不會差派天使來營救嗎？然而祂必須喝這苦杯，應驗一切的預言，實踐上帝的旨意。祂轉向祭司和長老們，說：「你們帶著刀棒出來拿我，如同拿強盜嗎？我天天同你們在殿裡，你們不下手拿我。現在卻是你們的時候，黑暗掌權了。」

門徒看見耶穌被捉拿的這一幕，心中既恐慌又失望。他們不能理解祂為何不反抗，甚至責怪祂懦弱。彼得主張大家各自逃命，於是眾門徒就都離開祂逃跑了。耶穌獨自被暴徒們帶出客西馬尼園。

【註1】太26：42

75 在亞那和該亞法面前

他被欺壓，在受苦的時候卻不開口；他像羊羔被牽到宰殺之地，又像羊在剪毛的人手下無聲，他也是這樣不開口。賽53：7

暴徒們匆忙的將耶穌帶進耶路撒冷，這時夜已深，街道一片寂靜，人們皆已入睡。暴徒的叫囂聲，打破了沉寂。他們不在意救主被捆綁著，行路非常辛苦，只希望將祂緝拿到前任大祭司亞那的公館去。亞那已退休，但因他年高望重，大小事務還是先要向他請示。在基督正式接受猶太公會的審判之前，他們先要亞那預審一次，希望他能定基督的罪。當時猶太公會只能審問犯人和通過判決，然後經過羅馬當局的批准才能生效。他們深怕有人像尼哥德慕和亞利馬太的約瑟一樣站出來主持正義。為免節外生枝，祭司們希望儘快找到罪證，定下祂的罪名。亞那想套祂講些話，藉以證明祂成立秘密組織，有叛國之嫌。但基督否認這項罪名，祂說：「我從來是明明地對世人說話。我常在會堂和殿裡，就是猶太人聚集的地方教訓人；我在暗地裡並沒有說什麼。」

其實他們的行動是違法的。按照條文的規定，在證明有罪之前，必須以無罪看待。他們私自捉拿耶穌，施加凌辱、嘲諷、甚至拷打，這都是違反律法的行為。此時他們也顧不了別的，只想早日終結此案，將祂除掉。倘若事情敗露，必會引起公憤而產生反效果，所以必須速戰速決。結果在亞那那裡，找不出什麼把柄好定祂的罪，就將祂帶到大祭司該亞法面前繼續審問。

這時已是清早，趁著天色未亮，亞那和該亞法在公會中再次審問基督。該亞法是個殘酷無情的撒都該人，為達到目的，不惜用任何手段對付基督。他用譏誚的語調，要耶穌在他們面前行一件奇事，但主並不作任何反應。於是找了一位假證人來控告祂。「這個人曾說：『我能拆毀上帝的殿，三日內又建造起來。』」他們覺得這是唯一能控告祂的把柄，因為猶太人、羅馬人、法利賽人和撒都該人都非常尊重聖殿。然而這句話本身並無褻瀆之意，依然定不了祂的罪。最後該亞法就站起來，對主說：「我指著永生上帝叫你起誓告訴我們，你是上帝的兒子基督不是？」對於這問題，耶穌無法保持緘默，祂回答說：「你說的是。然而，我告訴你們，後來你們要看見人子坐在那權能者的右邊，駕著天上的雲降臨。」基督的神性透過人性閃耀出來，使大祭司膽顫心驚，他不願相信有一天要面對審判的景象。同時基督的話觸怒了這個撒都該人。該亞法向來否認復活、審判和來生的道理。於是該亞法發怒如狂，撕裂他的衣服，並示意終止審問，他說：「這僭妄的話，現在你們都聽見了。」於是眾人就定祂的罪。

按照利未人的律法，大祭司無論在任何情況下，都不可撕裂自己的衣服，這樣作是會被判死刑的。凡祭司穿戴的都是神聖的預表，是聖潔無瑕的象徵。他撕裂衣服想影響陪審官員定基督的罪，殊不知他是定了自己的罪。根據上帝的律法，他不配再擔任祭司的職任了。該亞法的這個舉動亦表示猶太國從此與上帝隔絕。除此之外，猶太公會也違反了不可在夜間審判犯人的律法。

合法的罪案必須在日間，並在全體會議之前裁決。他們私自將基督當作罪犯，任意譏誚凌虐，顯出人性最猙獰的一面。然而讓救主最痛心的，莫過於在門徒當中有一人竟然公開否認祂。

當晚耶穌被帶離客西馬尼園之後，彼得與約翰冒險遠遠跟著耶穌。進了大祭司的院內，約翰沒有隱瞞他是基督的門徒，眾人也沒有為難他。約翰找到一個不起眼的角落，站在離主不遠處，關注著審判的情形。但是彼得不願被人認出他的身分。在寒冷的夜裡，他靠到圍火取暖的人堆中。不料卻讓一個看門的使女認出他來，問他說：「你不也是他的門徒嗎？」彼得裝著一副不明白的模樣，但那使女一口咬定他和耶穌是一夥的。彼得不得不趕快否認說：「女子，我不認得他。」在那時就聽見雞啼聲。今日亦有許多基督徒，因為怕受苦受辱而隱瞞自己的信仰，這與彼得否認救主一樣令主傷心。之後，又有人注意到彼得，這次他發誓聲明自己不認識耶穌。過了一小時以後，一個大祭司的僕人，是被彼得削掉耳朵那人的親戚，認出他是與耶穌在園中的門徒，又從他加利利人的口音中指認他是耶穌的同黨。彼得急著發咒起誓，徹底否認耶穌。此刻，第二次聽到雞啼聲。彼得頓時想起主的話：「雞叫兩遍以先，你要三次不認我。」就在那時，主轉身看著彼得，與他四目交接。彼得看到祂慈悲寬容的神色，猶如萬箭穿心一般。他想起救主曾對他說過的話，又看到自己的忘恩負義、虛偽自滿，便感到無地自容。他從審判廳衝了出去，在黑暗中漫無目標的向前跑，不自覺的回到客西馬尼園中。在那裡彼得仆倒在地，為自己所做的事痛哭流涕，感到可恥。

天一亮，猶太公會就召開會議，逼祂承認祂自稱是上帝的兒子。當主說：「你們所說的是。」的時候，便第三次定祂死罪。只要羅馬人批准此罪狀，就能除掉祂。法官宣佈主的罪狀之後，眾人失去理智的怒吼著：殺死祂！如果沒有羅馬兵丁的保護，祂恐怕在法官面前就被他們活活地撕碎了。祭司和官長們用齷齪的言語辱罵基督，矇住祂的頭痛打祂，又吐唾沫在祂臉上。這一切，天上的使者都記錄下來了。

76 猶大

惟獨惡人，好像翻騰的海，不得平靜；其中的水常湧出污穢和淤泥來。賽57：20

猶大一生的歷史，説明了一個原來可以蒙上帝重用卻悲慘落幕的人生。他本列在十二使徒之中，可為後人所懷念，但他終因晚節不保、聲名狼籍而遺臭萬年。在逾越節之前不久，猶大即與祭司們約定，要在客西馬尼園將耶穌交給他們。自從在西門家裡坐席以來，猶大有許多機會反省他的計畫，但他並沒有改變心中的惡謀，竟然以三十塊銀錢，就是相等於一個奴僕的身價，出賣了基督。

生性愛財的猶大，因放縱貪婪的私慾，以致讓這惡念支配他的意志。他愛錢財過於愛基督，因而成為罪的奴隸，受撒但的驅使而行惡。當日猶大亦是主的門徒之一，他曾親自見證主所行的一切奇事，看到祂趕鬼、治病和起死回生的大能作為，確知祂的教訓是真理。其實猶大心中是極為尊崇主的。當他跟從主時，耶穌並沒有拒絕他，讓他與其他門徒一樣傳道、治病和趕鬼。但是猶大並沒有真正獻身給基督，他沒有放棄屬世的野心和貪財的慾望。

猶大一向自視甚高，認為無論在學問和才智上都超越其他門徒。在人前人後，總喜歡誇耀自己，批評別人。他負責管理財務，由他經手的金錢，常私自挪用為酬勞。但門徒並不清楚他貪婪成性，反而對他極為尊重。猶大很關心基督的前途，甚至已擬好祂該走的路。他希望基督能在世上建立國度，並預期自己能在這國度中謀得高位。當他知道耶穌並不是要作王時，心中滿懷著失望和疑惑。在餵飽五千人時，猶大想利用分餅的神蹟，引起人民的熱情，實現擁立耶穌為王的理想。後來基督在迦百農的會堂裡，提及自己是生命之糧的講論，令猶大徹底明白基督所提供的不是屬世的利益，於是對主開始抱持若即若離的態度，隨時準備退出。從那時起，他經常發表迷惑眾人的言論，又用斷章取義的經句，使門徒的思想混亂。他所提出的意見，往往引起追求虛榮的野心，例如：門徒爭論誰為大的事，亦是猶大煽動的。

當耶穌向那富足的青年官長提出跟從祂的條件時，猶大心裡相當不悅。他覺得應有更多富裕的人來作信徒，才能增加財務上的收入。在他的影響之下，叛離的酵正迅速的發作。眾門徒雖看不透他的為人，但主已看出他被撒但利用了。在西門家坐席之前，他一直沒有公然反對主。及至馬利亞用香膏抹主的腳時，耶穌責備他的虛偽，使他自尊心受損而生發報復之心。凡依戀罪惡的人，若不克服自己的軟弱，必為撒但奴役而萬劫不復。

猶大仍然有悔改的機會。耶穌甚至為他洗腳，就是希望能感動他的心。但是猶大認為無論他做什麼，都不會影響耶穌被釘十字架一事。倘若耶穌不該死的話，祂必能救自己。他一直相信基督不會被人捉拿，所以決定試驗一下，看祂是否能救自己。直到他看見耶穌被捉拿和捆綁，便焦急的跟到官長審問主的地方。這時他看到耶穌甘心忍受一切凌辱，心中十分恐懼，知道自己出賣了基督。及至快要宣判時，猶大再也忍受不住良心的自責，大聲吶喊說：「我賣了無辜之人的血是有罪了。」[註1]身材魁梧的猶大，衝到審判座前，將賣主所得的銀錢扔在大祭司的面前。他苦苦哀求該亞法釋放耶穌，但被該亞法一腳踢開。眾人亦看出原來猶大收受賄賂，出賣自己的夫子。

猶大俯伏在耶穌腳前，承認祂是上帝的兒子，並懇求祂救自己。基督知道他並非真心悔改，只是畏懼承擔罪的結果而已。然而主沒有說任何譴責他的話。猶大知道一切為時已晚，無法回頭了，便衝出審判廳，他不忍看見耶穌被釘十字架，便在絕望之中自縊身亡。

當天，這群暴徒帶著耶穌，從彼拉多的衙門走向髑髏地時，看見猶大的屍體橫在枯樹下，血肉模糊，令人毛骨悚然，有一群野狗正在吞食他的屍體，眾人立時將他草草埋葬。此後嘲笑基督的聲音停止，人們覺得報應已經臨到那些流耶穌之血的人身上了。

【註1】太27：4

77 在彼拉多的衙門裡

他被藐視，被人厭棄；多受痛苦，常經憂患。他被藐視，好像被人掩面不看的一樣；我們也不尊重他。賽53：3

基督像一個囚犯被綁著，站在羅馬巡撫彼拉多的衙門裡。猶太公會定了祂的罪名之後，就來見彼拉多，要他核准他們的判決。這些猶太人的官長們就站在衙門外。因為按照他們的儀文律法，進入羅馬人的衙門會沾染污穢，而不能參加逾越節的典禮。其實他們已經拒絕上帝的羔羊，毒恨已經污穢他們的心。既然宰殺逾越節的真羔羊，這節期對他們來說已經失去意義。

彼拉多從睡夢中被吵醒，知道猶太當局對審問和處決此囚犯的急迫性。當他看著耶穌，既無犯罪的形跡或懼怕的表情，也沒有粗暴反抗的態度。他所看到的乃是一個舉止安詳、態度莊重、風度高尚的人。基督的風采在他心中留下深刻的印象。他的妻子曾將耶穌的奇妙作為告訴過他，所以就決定先審察罪證，不願草率定罪。他問他們這人是誰？為何被控告？猶太人明知不能證實基督的罪證，只好避重就輕的說：「他叫作拿撒勒的耶穌，是迷惑人的罪犯。」「這人若不是作惡的，我們就不把他交給你。」過去彼拉多曾經輕率地簽署執行死刑的命令，濫殺許多無辜的人。他們希望這次他也能從速允准這判決，將基督儘快處死。

但在這囚犯身上，有一股力量牽制著彼拉多，使他不敢任意妄行。他對祭司們說：「你們自己帶他去，按著你們的律法審問他吧。」他們雖然判決了基督的罪，但必須得到彼拉多的核准才能生效。所以一再要求彼拉多相信他們的判決，並且願意全權負責一切後果。

彼拉多雖不是一個公正或審慎的法官，但祭司們不敢讓彼拉多知道基督是為了宗教被捕。他們必須證明祂有叛國之罪，才能把祂當作政治犯來處刑。於是便找了幾個假證人，誣告祂誘惑國民、禁止納稅給凱撒、並自稱為王。但這三條罪狀都無真憑實據。彼拉多看穿了其中的陰謀，知道這一切都是他們的佈局。他問耶穌說：「你是猶太人的王嗎？」主回答說：「你說的是。」該亞法和那些人聽見這話，便要求彼拉多定祂的罪。眾人也跟著祭司、文士和官長大聲怒吼。耶穌對一切控告均不作任何申辯，使彼拉多更感為難。他看到耶穌忍受欺凌侮辱，依然表現得坦蕩蕩的，就覺得祂不是個有罪的人。為了避開群眾的喧嘩，就帶耶穌到一旁，再問祂：「你是猶太人的王嗎？」耶穌沒有直接答覆這個問題，因祂知道聖靈正在感動彼拉多。為要使彼拉多表明自己心中的想法，祂問道：「這話是你自己說的，還是別人論我對你說的呢？」這時彼拉多卻不願意承認心中對主的信念。於是主對他說：「我的國不屬這世界。」彼拉多三度問祂說：「你是王嗎？」耶穌回答說：「你說我是王。我為此而生，也為此來到世間，特為給真理作見證。凡屬真理的人就聽我的話。」

彼拉多心中極想知道何謂真理、怎樣才能得到真理。他問耶穌：「真理是什麼呢？」但還未聽到主的回答，就被外面的吵鬧聲打斷。他出去告訴人們：「我查不出他有什麼罪來。」祭司和長老對他這項宣判十分不滿，他們堅持基督有煽惑百姓之罪。彼拉多就決定將祂送往加利利省長希律那裡，把審問的責任推給剛來到訪耶路撒冷的希律。

這個希律，就是曾經沾滿施洗約翰血腥的希律。他從未見過耶穌，但對祂充滿好奇。當主被帶到他面前時，他對祭司們的控告不大感興趣，並下令鬆解基督身上的鎖鍊，斥責他們為何如此粗暴地對待祂。他和彼拉多一樣，看出猶太人的控訴來自仇恨和嫉妒。希律吩咐把一些殘疾之人帶進來，再三命令基督行神蹟證明祂的身分，甚至應允只要祂行一個神蹟，便可得釋放。但基督不作任何回應，祂不願以行神蹟救自己。祭司和官長們深怕祂顯能力之後，得以脫身，便高聲抗議，控告祂多項罪狀。希律因耶穌的沉默而發怒，無論他怎樣威脅主，都得不到反應。基督的緘默，是給希律一種嚴厲的譴責。他既拒絕先知中最大的一位，就再也沒有任何信息傳給他。於是希律和兵丁們一同藐視耶穌，戲弄並侮辱祂。希律雖然心如鐵石，卻不敢批准基督的判決，於是又把祂送回羅馬的審判廳去。

此時，彼拉多顯得不耐煩，聲明自己實在查不出基督的罪狀，但又不敢與群眾作對。正在猶豫不決時，接到妻子送來的信，叫他不可插手管這事，彼拉多更不知如何是好。祭司們則進一步煽動民眾，非要定耶穌的罪。這時彼拉多想起一個慣例，或許可以釋放基督。按例在逾越節時，巡撫可以隨群眾的要求，釋放一名囚犯。這時他手上已拘禁著一個死囚，名叫巴拉巴。這人曾號召眾人，引發反抗羅馬政府的暴動，作了許多橫行無忌的惡行，因此被判死罪。彼拉多讓民眾在無罪的基督與有罪的巴拉巴之間選擇其一，想藉此釋放基督。想不到群眾竟然選擇釋放巴拉巴，並喊著：「把他釘十字架！」的口號。他數度問他們：「為什麼呢？這人做了什麼惡事呢？」但人們的口號一致，定意要置祂於死地。彼拉多終於敵不過眾人的壓力，違背了良知的呼喚。他拿水在他們面前洗手，表示基督的血與他無關。然後將耶穌交給群眾去釘十字架。為了保住自己的官位，他寧願犧牲無辜之人的性命。後來在主被釘之後不久，他的官位被革除，就自盡身亡了。

以色列民大聲說：「他的血歸到我們和我們的子孫身上。」這句話也成為他們永久的咒詛。在耶路撒冷被毀滅時悲慘地應驗了。將來基督復臨的時候，那些曾經譏誚並擊打祂的人，必親眼重見逼害祂的景象。全世界的人都要見證他們的罪行，到那時，他們必恐懼萬分地「向山和巖石說：『倒在我們身上吧！把我們藏起來，躲避坐寶座者的面目和羔羊的忿怒；因為他們忿怒的大日到了，誰能站得住呢？』」[註1]

【註1】啟6：16、17

78 髑髏地

基督既為我們受了咒詛，就贖出我們脫離律法的咒詛。加3：13

群眾跟著耶穌，從衙門直到髑髏地。消息傳至耶路撒冷，吸引了各形各色的人到祂被釘十字架的地方。當主走出彼拉多的衙門時，他們把為巴拉巴預備的十字架，放在祂受傷流血的肩頭上。巴拉巴的兩個同伴也要與祂同時處死，所以也有十字架放在他們身上。經過一整夜的煎熬，耶穌滴水未沾。在亞那、該亞法、彼拉多、希律那裡，祂受盡折磨及鞭打。除了榮耀上帝的話以外，祂未說一句別的話，始終保持鎮定和嚴肅的態度。但在第二次受鞭打之後，便支撐不住十字架的重負而暈倒。沒有一個人願意屈身為祂背負沉重的十字架，尤其是猶太人，唯恐沾了污穢，就不能守逾越節。

這時候有一個從鄉下來的古利奈人西門，路過那裡。他曾聽說有關耶穌的事，幾個兒子也都相信基督，但自己仍未信主。當他表示同情耶穌時，他們就把十字架放在他肩上，要他替耶穌背十字架到髑髏地去。對西門而言，這是一種畢生難忘的福分，他心甘情願地替主背這重負。在跟隨的人群中，有不少婦女。她們看見主受苦的情形，不禁號咷痛哭。祂以慈愛憐恤這些婦女，亦不輕看她們所表現的同情心。祂說：「耶路撒冷的女子，不要為我哭，當為自己和自己的兒女哭。」另外還有許多人，當日曾擁戴祂榮耀的騎驢進耶路撒冷，如今卻參加呼喊「釘他十字架」的行列。門徒們亦不敢貼近祂，只能遠遠地跟著。而耶穌的母親馬利亞，在蒙愛的門徒約翰陪同下，亦來到髑髏地。她看到兒子受盡痛苦，心中傷痛無比。當他們釘祂的手時，馬利亞受不了而暈倒。幾位門徒就把她帶離刑場。

救主沒有發出任何呻吟聲，反而為這些人禱告說：「父啊！赦免他們；因為他們所做的，他們不曉得。」基督憐恤他們的無知和罪過，但蒙昧不能免去他們的罪，因為他們錯過了接受救主的機會。基督所獻上的祈禱，涵蓋全世界的每一個罪人。赦罪之恩是白白地賜給每一位願意接受的人。耶穌被釘在十字架上，彼拉多用希伯來、希臘和拉丁三種文字，寫了一個牌子放在祂的十字架上面，牌上寫著：「猶太人的王，拿撒勒人耶穌。」祭司們對這牌子不滿意，但彼拉多不願更改。其實上帝藉著這牌子喚起人的思想和注意，使他們知道彌賽亞已經降臨。

站在十字架旁的兵丁沒收了祂的衣服，在那裡拈鬮，看誰能得到這衣服。當基督被釘時，他們拿醋做為減輕痛苦的麻醉藥給祂喝。但祂嘗過之後，不肯再喝這足以麻痺心靈的東西，使撒但有機可乘。祂的信心必須緊握住上帝的力量，才能在這最後一刻得到勝利。祭司、官長、文士和暴徒一同譏誚的說：「你如果是上帝的兒子，就從十字架上下來吧！」這些人的語氣，與當日撒但在曠野試探主時所說的話相同。他們與惡魔攜手合作，並沒有察覺自己正在應驗聖經的預言。垂死的耶穌聽見他們的惡言，當然可以從十字架上下來，救自己脫離這痛苦。但祂沒有如此行，為的是要以祂的犧牲，給我們得救的盼望。當時有智慧的人聽見這些譏誚話，便去查考聖言、誠心默想和祈禱，直到明白基督的使命為止。他們就得到真理之光的照耀。

與基督同釘十字架的兩個罪犯起初也譏誚祂。其中的一個曾見過耶穌，並信服祂的教訓，後來受了祭司和官長的影響而離棄主，終因陷入罪惡而踏上滅亡之路。他見證了祂受審和被釘的一切經過，便重新確信這人就是基督。他悲嘆的說：「我們所受的與我們所做的相稱，但這個人沒有做過一件不好的事。」他想起從前耶穌的一切作為，並受聖靈啟發，看出這是除去世人罪孽的救主，便對祂說：「耶穌啊，你得國降臨的時候，求你記念我！」主以充滿慈愛的聲音告訴他：「我實在告訴你，今日你要同我在樂園裡了。」這臨死的強盜憑信心所說的話，在黑暗的時刻，帶給基督一線光明的安慰。這段對話引起了旁觀者的注意，眾人都屏息靜聽祂的答覆。當耶穌回答時，有一道明亮的光，透過那環繞十字架的烏雲，祂在臨死時，為自己的神性和天父的榮耀作了見證。眾天使看著這位慈愛的救主，雖然身受極刑之痛，仍不忘赦免懺悔的罪犯。

耶穌看到在人群中的母親馬利亞，由門徒約翰扶著，悲傷地站在十字架下。祂就將母親託付給約翰，說：「母親，看，你的兒子！」又對約翰說：「看，你的母親！」約翰接受了這神聖的委託，就接馬利亞到家裡，親切的照顧她。主的每一個信徒，都當效學孝敬父母的榜樣。凡跟從主的人，必須以孝敬和奉養父母為宗教生活的一部分。

此時此刻，全人類的罪擔都壓在基督的身上。最令祂受苦的，不是對死亡的懼怕，亦不是十字架的痛苦和恥辱，而是因為擔負重罪而與天父的隔絕。救主所喝的苦杯，其傷痛是世人永不能明白的。天上的使者掩面不忍再看這可怕的景象。當時自然界亦對瀕死的創造主表示同情，正午的陽光突然被淹沒，從午正到申初，遍地一片昏暗。上帝用最深沉的黑暗，來遮蔽耶穌最後的悲痛。死亡的沈寂籠罩著髑髏地，人群感受到說不出來的恐懼。從黑雲中不時閃出電光，照在被釘的主臉上。許多人感嘆說：上天的報應落在祂頭上了，因為祂自稱是上帝的兒子。

約在申初，黑暗逐漸驅散，只留下包圍著十字架的陰暗。隨後，有強烈的閃電向主襲擊，耶穌大聲喊著說：「以利！以利！拉馬撒巴各大尼？」意即：我的上帝，為何離棄我？這位愛我們的救主，遍體鱗傷地被釘在十字架上，獻上自己作為贖罪祭，向每一個人說明祂對世人無比的愛。太陽又重新出來，忽然間，黑暗從十字架上消散。耶穌用宏亮響徹宇宙的聲音說：「成了！」「父啊！我將我的靈魂交在你手裡。」有光環繞著十字架，救主的臉上發出如日頭般的榮光，隨後祂的頭垂在胸前，就斷氣了。

黑暗再度籠罩大地，眾人聽到如同大雷的響聲。大地震動，巨石亦從山上滾下來。許多墳墓都裂開，連屍骨也被震了出來。在場的人都仆倒在地，驚恐萬分。此時在聖殿供職的祭司，正預備舉刀宰殺羔羊獻祭。忽然天地震動，刀從手中掉落在地上，羊也逃掉了。在上帝的兒子斷氣時，聖殿裡的幔子，被一隻看不見的手從上到下撕成兩半。那最大的犧牲已經獻上，進入至聖所的路就此打通。犯罪憂傷的人們不必再等候大祭司的來臨。從此以後，耶穌要在天上擔任祭司和中保的職分，祂「乃用自己的血，

只一次進入聖所，成了永遠贖罪的事。」[註1]

【註1】來9：12

79「成了！」

所以，耶穌要用自己的血叫百姓成聖，也就在城門外受苦。

來13：12

基督一直等到完成降世的使命，臨終前用最後一口氣喊著：「成了！」才斷氣。祂在這場戰爭中得到勝利，全天庭都為祂歡呼。到基督死的時候，眾天使和未曾墮落的諸世界才看清撒但的真面目。這位原是天使中最高貴的路錫甫，在天庭具有相當的影響力。當他叛變之後，以欺騙的手段掩飾自己，許多聖潔的天使也不明白他的動機。在這場鬥爭開始時，撒但宣稱上帝的律法是無法遵行的，又說公義與憐憫是互相矛盾的，人若違背了律法，必被定罪，不得赦免。他在叛逆之後被趕出天庭，所以上帝如果向犯罪的世人施憐憫，便是不公義。

天上的議會決定，必須給撒但充分的時間去實行他的計畫和主張，好讓全宇宙看清他的真面目。上帝本可以一舉消滅撒但和跟隨他的眾天使，但祂不打算以強權或武力制勝。上帝的威權是以良善、憐憫與慈愛為本，所發揮的力量是信實和仁愛。自從撒但引人陷入罪中，上帝就實施救贖的計畫。四千年以來，全宇宙看見基督一直在拯救人類，而撒但則一直使人敗亡、墮落。耶穌降世後，撒但用盡各種方法攻擊、迫害祂，但主以無瑕疵的品格，完成祂神聖的任務。自救主走進客西馬尼園起，從公會到審判廳，一路受凌辱、遭鞭打、被定罪，然後被釘在十字架上。天庭自始至終見證了這可怕的一幕！

那時，空中掌權的黑暗勢力，都聚集在十字架的四圍。撒但的黨羽和惡人聯合起來，引誘人相信祂是罪魁。耶穌說「成了」這一句話，代表救贖大工的完成，亦證明撒但失敗，而且必要滅亡。此刻他的假面具已被撕破，清楚地顯示他流了上帝兒子的血。他的惡行在全宇宙面前暴露無遺，而上帝的憐憫也藉著耶穌向世人顯明。但憐憫並不廢棄公義，上帝不以改變祂的律法，來迎合人類墮落的狀況。但是為了救贖人類，甘願犧牲愛子耶穌，藉著祂，叫世人與上帝和好。律法的要求就是公義，世人無法達到上帝聖潔律法的標準。於是基督道成肉身降世，以完全聖潔的人生，代替世人有罪的生活。這就彰顯了上帝的慈愛。基督藉著祂的生和死，證明上帝沒有因祂的公義而破壞祂的慈愛。世人的罪因祂的犧牲得赦免，上帝的律法仍是公義的，而且也是可遵行的。

今日撒但所倡導的理論，乃是上帝的律法有缺欠，其中有幾條已經廢除了。他意圖以人的律法代替上帝的律法，藉此控制全世界。如果他能引誘人抹煞律法當中的一條，那麼目的就達到了。這場爭鬥必要延續到末時。每一個人都必接受考驗，選擇順從或者不順從。人人都要在上帝的律法和人的律法之間選擇其一。在末時，世上只分兩等人，是忠於上帝抑或是違逆上帝。當人選擇專行己意時，就與生命之源隔絕；若是選擇順服上帝，便能得到永生。在這場大鬥爭結束之際，救贖的計畫已經完成，上帝的品德已經彰顯在所有受造眾生的面前。那時罪已經顯出它的本質，撒但暴露猙獰的面目，罪惡被掃除一空，人類的救贖得以確定，宇宙亦重見光明。這一切都在祂說「成了」的時候完成了。

THE DESIRE
OF AGES

第9卷 往天父的寶座去

80 在約瑟的墳墓裡

他雖然未行強暴，口中也沒有詭詐，人還使他與惡人同埋；誰知死的時候與財主同葬。 賽53：9

耶穌終於安歇了。漫長的一天，所有的羞辱、酷刑全部結束。當落日的餘暉迎接安息日的來臨時，上帝的兒子安詳地躺在約瑟的墳墓裡。救贖大工已完成，在聖日一切都安息了。雖然在世上那些愛祂的人不免悲傷，然而上帝和天使所看到的，乃是一個更新的世界和蒙救贖的人類。基督勝過了罪惡，為世人帶來光明的希望。這創世時所設立的安息日，仍是救主得安息和喜樂的日子。

在基督臨死之前，眾人聽見一位羅馬的百夫長說：「這真是上帝的兒子了！」他親眼目睹所發生的一切事情，聽到基督臨終時勝利的呼聲，深受感動而公然承認自己的信仰。在主受死的那天，共有三個不同背景的人接受祂：一個是羅馬軍隊裡發號施令的百夫長，一個是替主背十字架的古利奈人西門，一個是在十字架上悔改的強盜。

到了傍晚時分，可怕的寂靜籠罩著髑髏地。當初許多人因好奇而擁到這裡，要看基督是否有罪。他們竟在一種不自主的衝動下，與暴徒聯合起來嘲笑祂。如今他們在可怕的黑暗中，受到良心的譴責，便悄然回家去。數週之後，這些人聽見彼得在五旬節那日的講道，就成為數千悔改歸主的人群。可是猶太人的領袖對基督的仇恨卻絲毫未減。雖然迫害祂的計畫已完成，卻感受不到勝利的快樂，心中反被疑懼所困，不得安寧。他們曾看見山崩地裂的景象，所以他們心神不寧如坐針氈。

猶太人認為若是讓囚犯的身體留掛在十字架上，有損安息日的神聖。所以無論如何，他們都不讓耶穌留在十字架上過安息日。為此他們要求彼拉多，設法促使犯人早些死亡。他同意之後，便將兩個強盜的腿打斷，好讓他們加速死亡。因為這時基督已經死了，所以無需折斷任何骨頭。釘十字架六小時之內就死去，是前所未有的事，因為釘十字架是一種慢速處死的極刑。祭司吩咐士兵拿槍扎入救主的肋旁，從傷口中流出清濁混合的液體，一種是血，一種是水。這就證明耶穌並不是死於十字架上的痛苦，乃是因為精神的劇痛，以致心臟破裂而死。

基督一死，門徒的希望也隨之幻滅。看著祂被釘子穿透的手腳，簡直不敢相信祂真的死了。他們的前途變得一片黯淡，信心盡失。可是卻從來沒有像此刻這般愛祂和需要祂的同在。門徒希望能厚葬主，卻無能為力。當時使徒約翰和幾位加利利的婦女們，仍留在十字架下，他們不願讓無情的兵丁處理主的屍體，將祂葬在指定的犯人墳場裡。在這緊要的關頭，亞利馬太的約瑟和尼哥德慕出面求領耶穌的屍體。因為他們是猶太公會的會員，又是有錢有勢的人，就允准他們的請求。在主生前，他們沒有公開作祂的門徒，但在主死後卻勇敢地表露對祂的感情。他們恭敬地將耶穌從十字架上取下來，以尼哥德慕所帶來的沒藥和香料薰沐屍體，然後用細麻布包裹起來，放進約瑟所擁有的新墳墓裡。在加利利婦女的注目下，他們將大石頭輥過來堵住墓門。及至暮色蒼茫，抹大拉的馬利亞和幾位婦女們，依然守在墓前傷心落淚，她們是最後離開主的人。就這樣，救主被安置在墳墓裡安息。對於憂傷的門徒而言，那是一個永難忘記的安息日。

人們依然如常的遵守逾越節。在安息日，聖殿的院子擠滿了敬拜的人。祭司們還是照樣舉行奉獻的禮儀，音樂和歡唱聲音一如往昔的宏亮。但是人們無法停止談論剛發生的大事，而且聖所與至聖所之間的幔子已撕裂為兩半，每人心中都懷有不安與不祥之感。許多人因髑髏地的景象而開始查考預言，有些人要尋找憑據證明耶穌的真偽，有些人想明白守節期的意義何在，還有些人希望找到真彌賽亞的證據。雖然考查的目的不同，但心裡都在尋求同一真理。有許多祭司因此真正的認識耶穌，在主復活之後，承認祂是上帝的兒子。尼哥德慕想起耶穌先前所說有關自己將被舉起的話，以及救主在受難時的情景，這有如一道清晰的光照亮他的心，使他信心更加堅定不移。

在聖殿的院子裡，仍然有許多患病和受苦的人尋找拿撒勒的耶穌，希望得到醫治。他們向祭司和官長們求助，卻得不到任何幫助。這些人發出悲慘的哭聲，使千萬人感悟到人間的大光已熄滅。沒有基督，大地就黑暗無光。祭司們原想將一切審判的詳情保密，但人們卻不停地談論此事。他們不但沒有嘗到報仇的快感，反而要面對指責和悔恨，並且擔心基督真會在三日後復活。於是指示用繩子將墳墓門口的大石頭綁在旁邊的磐石上，並用羅馬的印封住。又派一百個兵士在四周駐守，嚴防有人輕舉妄動。

希望這樣能將耶穌牢封在墳墓裡。他們為攔阻基督復活所盡的一切努力，卻成為祂復活最有力的證據。他們的謀算策劃皆徒勞無功，不能把生命的主關閉在墳墓之中，因祂得釋放的時辰已經近了。

81 主已經復活了！

因為知道基督既從死裡復活，就不再死，死也不再作他的主了。 羅6：9

七日的頭一日，破曉前的黑暗悄然來臨，基督仍被囚禁在墳墓裡。大石和封條都原封不動，羅馬的士兵按著更次看守墳墓。還有成群肉眼所看不見的惡天使，也聚集在那裡，希望能永遠封住基督的墳墓。但是另有一隊天上的大軍圍繞著墳墓，等候迎接生命之主。忽然地大震動，有一位貌如閃電、衣白如雪的天使，從天上下來。這個使者就是填補路錫甫空缺的那一位，他曾將喜訊報給牧羊人。現在上帝差派他來到墓前，毫不費力的輥開墓口的大石頭。看守的羅馬士兵嚇得渾身顫抖，如同死人一樣。他呼喊著說：「上帝的兒子，出來吧！你的父呼召你。」於是耶穌從墳墓走出來，並聽見祂說：「復活在我，生命也在我。」眾天使俯伏在祂面前，敬拜讚美那在榮耀中顯現的主。

當基督捨去生命時發生地震；當祂勝利地取回生命時，亦有地震為這時辰作證。那已勝過陰間死亡的主，以勝利的步伐，在地動、閃電和雷轟之中走出墳墓。當祂死的時候，黑暗籠罩了正午之時；在祂復活時，天使的榮光照亮了黑夜。羅馬的守衛士兵，看出這位充滿榮光的主，就是那位被釘在十字架上的耶穌，又看見眾天使的光輝，就昏厥過去。直到天使離開後，方才站立起來。他們拼命的逃出墓園，直奔進城，將這奇聞告訴別人。

這消息很快就傳到猶太當局的耳中，便把這些士兵帶來問話。兵丁們將所見的一切如實說出，祭司們知道所害怕的事已經發生。該亞法吩咐他們不可將這事告訴任何人，於是為兵丁捏造一則謊言，指控門徒在夜裡趁兵丁睡覺的時候，將祂偷走。兵丁們知道這樣說等於犯了看守失職之罪，不禁惶恐，因為這罪名足以判他們死刑的。祭司們為要遮掩這見證，就用金錢收買這些士兵，讓他們編造假見證。基督復活的消息也傳到彼拉多的耳中。儘管祭司們把捏造的事實報告他，請他不必追究士兵的失職之罪，彼拉多還是私下盤問了士兵，知道事情的真相。從那時起，他心裡就沒有平安。

撒但以為耶穌被安放在墳墓裡，他就得勝了。當他的使者在光明天使面前逃走時，他非常震怒，也知道自己必要滅亡。但祭司們陷入撒但的控制之中，繼續反抗基督。他們收買士兵，堵塞彼拉多的口，將虛謊的消息傳遍各處。此後祭司與官長們經常處於恐懼之中，唯恐會遇見已復活的基督。

基督掙脫死亡的枷鎖，取回了生命，成為睡了之人初熟的果子。祂的復活，正是向上帝獻搖祭的那一天。按照以色列人過逾越節的習俗，在田裡莊稼收成時，要把一捆初熟的莊稼，帶到耶和華面前搖一搖，作為感恩祭。同樣地，基督的復活，代表上帝之國所要收割的屬靈莊稼已成熟。

耶穌復活時，從墳墓裡帶出一批被死亡所俘虜的人。祂受難時的地震已經震裂了他們的墳墓，及至祂復活，他們就一同從墳

墓裡走出來。這些人曾為真理喪失性命，如今他們得到永遠不朽的生命，進到城裡向多人顯現，為主作活生生的見證。後來他們得與基督一同升天，作祂勝過死亡的記念。對於相信祂的人，死亡不過是睡眠，是片時的靜默和黑暗。基督徒的生命乃是來自復活的主耶穌，祂將所捨去的生命取回來，賜給人類。

在祂復臨時，一切死了的義人，都必聽見主的聲音。它穿透墳墓，打開墓門，並呼喚睡了的人起來。在基督裡死了的人必從死裡復活，得享榮耀和永遠的生命。「基督是我們的生命，他顯現的時候，你們也要與他一同顯現在榮耀裡。」[註1]

【註1】西3：4

82 你為什麼哭？

因此，基督死了，又活了，為要作死人並活人的主。 羅14：9

那些站在十字架前的婦女，儆醒等候安息日過去。在七日的頭一日，天剛破曉時，帶著香料來到主的墳墓那裡，要膏祂的屍體。她們一面行走，一面述說基督的慈愛，一心只想著要找誰幫忙推開墓門的大石，而未曾想到祂會從死裡復活。走近墓園時，天上忽然發出榮耀的亮光，地也震動起來。她們看見墓門的大石已經輥開，墳墓內是空的。抹大拉的馬利亞是第一個到墳墓來的婦女，她見墓門打開，就急忙跑去通知門徒們。接著其他婦女亦到達墳墓那裡，看見有榮光照耀著墳墓的四周，耶穌的屍體卻不在裡面。正躊躇之時，看見一個身穿發光衣服的少年人，坐在墳墓旁邊，這就是輥開石頭的天使。婦女們十分害怕，正要轉身離開，就聽見天使說：「不要害怕！我知道你們是尋找那釘十字架的耶穌。他不在這裡，照他所說的，已經復活了。你們來看安放主的地方。快去告訴他的門徒，說他從死裡復活了。」她們再往墓裡一看，另有一位形狀像人的天使在那裡，對她們說：「為什麼在死人中找活人呢？他不在這裡，已經復活了。」

祂已經復活了！這是何等奇妙的信息。婦女們再三重複著，並且想起救主曾經說過祂必復活的話，便急忙離開墳墓，又驚又喜的跑去報信給其他的門徒。這時馬利亞還未聽見這好消息，她告訴彼得和約翰說：「有人把主從墳墓裡挪了去，我們不知道放在哪裡。」這兩個門徒立刻跑到墳墓那裡，只見細麻布和裹頭巾，沒有找到耶穌。約翰記起當日主預言祂復活的話，看見此景就相信了。

馬利亞也跟著約翰和彼得來到墳墓前，在他們離開之後，她依然留在墳墓那裡。她望著空空的墳墓，心中非常憂傷。再往墓裡看，見有兩位天使在安放耶穌身體的地方坐著，一個在頭，一個在腳。他們問她說：「婦人，你為什麼哭？」她回答說：「因為有人把我主挪了去，我不知道放在哪裡。」於是轉身想去找人詢問耶穌的下落。當時另有一聲音問道：「婦人，為什麼哭？你找誰呢？」馬利亞以為這人是園丁，淚眼朦朧地對他說：「先生，若是你把他移了去，請告訴我，你把他放在哪裡，我便去取他。」耶穌用她所熟悉的聲音說：「馬利亞。」這時她知道這不是陌生人，轉過身來，就看見復活的基督站在面前。她喜出望外地撲向主，但主說：「不要摸我，因我還沒有升上去見我的父。」又吩咐她將這喜訊帶給門徒們。

耶穌必須升到天父那裡，確定自己的犧牲已蒙上帝悅納，才能接受祂子民的崇拜。天父批准了這救贖的盟約，就是祂必接納所有悔改並順服救主的人。那麼天上地下一切的權柄，都歸於主了，在天庭這乃是最快樂的一日。然後祂又回到世上祂的門徒那裡，將權柄和榮耀分給祂的門徒。此時眾門徒仍在懷疑和困惑中掙扎，即使聽到這消息和見證，也不敢相信。天使對婦女們說：「你們可以去告訴他的門徒和彼得，說：『他在你們以先往加利利去。在那裡你們要見他。』」自從基督死後，彼得無法忘記自己否認主的可恥行為，因而陷入悔恨的痛苦中。天使在此特別提到彼得，是要讓他知道他們悔改已蒙悅納，罪過已得赦免。

此時門徒們都已離棄耶穌，主藉著馬利亞和其他婦女告訴門徒祂要加利利見他們。祂復活之後，在地上的第一件工作，就是使門徒知道祂仍關懷他們，並且已打破墳墓的枷鎖，要與他們同在。門徒聽見這呼召時，雖然想起基督曾預言祂必復活的話，心中仍舊拋不開疑惑，甚至不肯相信婦女們的見證。在過去的數日，他們經歷了太多驚濤駭浪，以致完全失去信心。他們聚集在樓房裡，關了門，上了鎖，深怕遭到與夫子相同的厄運。

馬利亞在墓園中哭泣，以致認不出就在身旁的救主。門徒的心也滿了憂愁，以致無法獲得基督復活的喜樂。今日有多少人和門徒一樣灰心喪志，又和馬利亞一樣發出絕望的呼聲？殊不知慈愛的主就在他們的身邊。墓是空的，基督已復活了！我們當以感謝的心，持守這個指望，就必得見主的榮耀。

83 往以馬忤斯去

你若口裡認耶穌為主，心裡信上帝叫他從死裡復活，就必得救。 羅10：9

在基督復活的那一天傍晚，有兩個門徒走在前往以馬忤斯的路上。這個小鎮離耶路撒冷約有二十四里路。這兩個熱心的信徒是到城裡過逾越節的。他們憂愁地趕路回家，一路上談論著基督受難的經過，心中充滿感傷和失望。走了不遠，有一位陌生人加入他們的行列。由於心情沉重，並沒有特別留意這人是誰。在夕陽餘暉裡，他們一起暢談基督的教訓。當他們提起最近所發生的事情時，竟不能自已的哭起來。耶穌看見他們心中的憂傷、失望和矛盾。愛他們的主是多麼希望擦去他們的眼淚，將安慰和喜樂帶給他們。主問他們談論何事，他們就站住，面帶愁容。二人中有一個名叫革流巴的回答說：「你在耶路撒冷作客，還不知道這幾天在那裡所出的事嗎？」於是兩人便將一切傷心的事情告訴了祂。

眾門徒沒有領會基督所啟示的預言，亦不記得祂說第三日要復活的話。反而是祭司和官長們在第二天就去見彼拉多，商議阻止耶穌復活的事。耶穌就對他們說：「無知的人哪，先知所說的一切話，你們的心信得太遲鈍了。基督這樣受害，又進入祂的榮耀，豈不是應當的嗎？」這些話倒是為這兩個人重燃起了希望，令他們感到驚異。接著主從摩西開始把聖經所記載有關自己的事都講解明白，使他們從先知的預言中，得到信仰的憑據。基督希望門徒們真正認識真理，正確地瞭解他的使命。他們必須明白祂的犧牲所具的意義，並相信祂已獲得光榮的勝利。在一路的傾談中，他們並沒有辨認出這位旅伴是誰。當他們回到家門的時候，業已日薄西山，這位陌生人好像還要趕路。他們渴望再聽祂的講論，便竭力挽留祂住宿家中。耶穌就答應了他們的邀請，進到家中與他們同住一宿。基督從不勉強與任何人作伴，祂關心那些需要祂的人。祂十分願意進入你我心中鼓舞我們。

他們預備好簡單的晚餐之後，就請客人坐在首位上。當祂伸手為食物祝謝時，他們看到這手勢與夫子素常的手勢完全相同。再仔細一望，便看見祂手裡的釘痕。這兩個門徒立時認出祂乃是從死裡復活的主耶穌，就俯伏敬拜祂，但祂突然不見了。於是兩人立即趕回耶路撒冷，將這大好的信息報告給城裡的門徒。儘管夜路難行，他們心中卻是歡喜無比，迫不及待地要將以馬忤斯路上奇妙的經歷告訴他人。

84 「願你們平安！」

我將這些事告訴你們，是要叫你們在我裡面有平安。在世上，你們有苦難；但你們可以放心，我已經勝了世界。

約16：33

這兩個在往以馬忤斯的路上遇見主的門徒，在漆黑的夜裡，到了耶路撒冷找到門徒所聚集的樓房。只見房門深鎖，敲門亦沒有回應。他們報了名字，門才輕輕地打開，讓他們進去。這兩個門徒興奮地將主顯現的奇事告訴大家。話剛講完，就有人覺得這事太過神奇，不敢相信是真的。忽然有一個人出現在他們面前，門徒正奇怪這人怎能進來時，有一熟悉的聲音說：「願你們平安！」他們認出這就是夫子的聲音，卻仍驚慌害怕，以為所看見的是死人的靈魂。耶穌便叫他們看祂的手和腳，並觸摸看看，就能確定祂果真復活了。於是他們看見祂被釘傷的手腳，又認出祂的口音，萬分欣喜之情，難以言喻。耶穌還在他們面前吃了一片燒魚和一塊蜜房。

在耶穌降生時，天使宣告說：「在地上平安歸與他所喜悅的人。」如今祂復活之後，第一次向門徒顯現時，亦說「願你們平安」。祂隨時將平安帶給心中疑懼和憂傷的人。基督的復活，乃是將來復活的典範。祂怎樣從死裡復活，在末日安息主內的人也要怎樣復活。那時我們必能認識親友，正如門徒認識耶穌一樣。救主復活以後的容貌、姿態和言談，都與從前一樣。我們也必保持原來的模樣，只是身體上不再有殘缺和疾病。在祂聖顏的光照之下，我們仍必認識所愛的人。

在這次相聚中，耶穌再次將律法、先知和詩篇中關於祂的記載，都向他們解明，使他們明白祂受苦、受死和復活的意義，並且要他們把這奇妙真理傳徧全世界。他們要向世人宣揚主一生的事蹟、救贖的奧祕、悔改赦罪之道，以及平安的福音。說完這話，就向他們吹了一口氣，將聖靈賜給他們。祂要門徒體會到，必須有聖靈同在，才能完成傳福音的使命。聖靈就是人屬靈生命的氣息，承受聖靈就是承受基督的生命，亦擁有了祂的品德。唯有讓聖靈在心中運行，在生活上表現出基督的生命，才能作主的代表，為教會服務。

基督又將赦罪的權柄賜給他們，並不是要他們隨意論斷或審判人，乃是希望他們負起牧養和教導的責任。祂曉諭他們要以愛心對待犯錯的人，及時警戒和挽救每一個陷在危險之中的人。上帝對罪有什麼表示，教會也必須有什麼表示。對於陷在罪中的同道，教會有警戒勸導的責任。他們若執迷不悟，教會必須表示不能贊同他們的行為。在為他們工作時，必須定睛仰望基督。作牧者的，務要親切地照顧主的羊群，勉勵罪人悔改，相信主的赦免之恩。教會應以感恩之心，接納罪人的悔改，引領他們脫離黑暗，進入公義的光明之中。主只吩咐門徒傳赦罪之道，但沒有給他們除去罪污的權柄；惟有藉著基督的功勞，罪人才得蒙饒恕。

耶穌這次在樓房中與門徒相見，多馬並不在場。雖然門徒的報告已充分顯示主復活的憑證，他依然不信。他覺得主若復活代表祂不會在地上設立國度了。況且救主沒有親自向他顯現，心中便充滿嫉妒和不信。他堅稱：「我非看見他手上的釘痕，用指頭探入那釘痕，又用手探入他的肋旁，我總不信。」過了八日，在多馬和幾個門徒一同吃晚飯時，耶穌向他們顯現。祂讓多馬伸出手來摸祂的手和肋旁，又對他說：「不要疑惑，總要信！」多馬認出基督，便俯伏在主腳前稱祂為「我的主！我的上帝！」主悅納他的表示，但溫和地責備他說：「你因看見了我才信；那沒有看見就信的有福了。」

如果現代的人都像多馬一樣，就沒有人能因信得救。凡接受基督的人，應該願意相信弟兄的見證。倘若凡事都要有真憑實據才肯相信，就必陷於頑梗不信之中。多馬雖然提出懷疑的不合理要求，耶穌還是以愛心和體諒，除去一切不信的障礙。藉此基督為我們立下了扶持信心軟弱之人的榜樣。

85 海邊重遊

得赦免其過、遮蓋其罪的，這人是有福的！我要教導你，指示你當行的路；我要定睛在你身上勸戒你。詩32：1、8

在逾越節週期結束之後，門徒動身前往加利利與主會合。這一次共有七個門徒結伴同行。他們身穿漁夫的簡樸裝扮，在物質上是貧困的，但在屬靈的知識上卻是富足的。雖然沒有受過先知學校的教育，但他們在偉大的教師耶穌門下受教三年之久，具備了引領世人認識真理的資格。基督選擇在加利利與他們相會，因為這是他們一起工作的地方。主曾在海上平息狂風大浪，在海邊用五餅二魚餵飽數千人，又在不遠的迦百農城行了許多神蹟。他們聚集在此，心中就想起救主的一切言談與作為。

那天晚上天氣很好，彼得提議出海打魚去。如果捕獲豐收的話，將供給他們所需要的衣食。結果他們整夜打魚，卻毫無所獲。他們在船上雖然談論救主的奇妙大事，但對自己的前途甚感擔憂。這時候，有個人一直站在岸上守望著他們，他們卻沒有發覺。直到天亮，他們在離岸不遠處看見一個陌生人向他們招呼，說：「小子！你們有吃的沒有？」他們回答說：「沒有。」這人又說：「你們把網撒在船的右邊，就必得著。」他們就照著吩咐作，網竟因為魚太多而拉不上來。約翰認出這陌生人來，便對彼

得說：「是主！」彼得一時興奮的跳進海裡到夫子身旁。其他的門徒帶著一網的魚回到岸上，就看見主那裡有炭火，上面有魚有餅。耶穌叫他們將方才捕到的魚拿幾條加上去，食物準備好之後，就擘開，分給他們。於是門徒們清楚的認出祂就是復活的主。

這時，他們回想起從前夫子在海邊呼召他們的情形，又記起主曾應許他們要得人如得魚。如今耶穌再次讓他們體會到，如何接受主的呼召和使命。只要他們願意與祂同工，主必供應一切的需要。而且主就站在他們的右邊，那就是他們信心所在的一邊。凡願意憑信心與主同工的人，必有祂的神能與他們的人力合作，得以成就偉大的事。

當基督和門徒在海邊一同吃飯時，救主問彼得說：「約翰的兒子西門，你愛我比這些更深嗎？」「這些」是指他的弟兄們。彼得回答說：「主阿，是的，你知道我愛你。」耶穌吩咐他說：「你餵養我的小羊。」耶穌三次問他說：「你愛我嗎？」彼得給予相同的回答，甚至為主不相信他而憂愁。彼得曾經三次公開否認主，耶穌也三次要他在門徒面前提出愛和忠誠的保證，顯出他悔改的憑據，重得弟兄的信任，方可負起使徒的工作。福音決不與罪惡妥協，隱密的罪可以私下向上帝承認；但公開犯罪的人必須藉公開認罪，盡力洗除這個恥辱。

彼得是個心直口快、情感衝動的人，他很容易陷入撒但的試探而跌倒。如今他痛改前非，主就委託他成為牧養教會羊群的牧人。他不再急躁、自高、自大，而是滿腔熱誠地順服主、願意受教。儘管他曾背叛主，但是主對他的愛絲毫未變。耶穌在此只提了一個作門徒和服務的條件，就是「你愛我嗎？」彼得即使有了一切為主工作的資格，而心中沒有基督的愛，則傳福音的工作必然失敗。愛主的心是為主服務最重要的條件。於是基督單獨帶著彼得一同散步，把他將來所要遭遇的一切，展開在他面前，並且預言他要被人釘在十字架上，為主受死。耶穌呼召他：「你跟從我吧！」意即要彼得亦步亦趨的跟隨在主後，而不是擅自走在主的前面。彼得接受了，就忠心的成為主教會的領袖，最後甚至被倒釘在十字架上，壯烈的殉道。

當彼得和耶穌同行時，看見約翰跟在後面，便問主：「這人將來如何？」主卻要他少管其他人的事，專心追隨祂。約翰和彼得二人的將來，都掌握在主的手中，他們的本分乃是盡心事奉主、順服地跟隨主。今日有許多人像彼得那樣，對別人的事情發生興趣，而忽略了自己的本分。我們不要專注別人的錯誤和軟弱，只要仰望基督，效法祂的榜式，才是祂忠心的信徒。約翰後來得享高壽，親眼見證了耶路撒冷的毀滅和聖殿的荒廢。直到晚年他還是緊跟救主，受聖靈感動寫下了愛的書卷。基督在加利利海邊的談話，一生伴隨著彼得。使他在寫信給教會時有感而發地說：「務要牧養在你們中間上帝的群羊，……不是出於勉強，乃是出於甘心；也不是因為貪財，乃是出於樂意。」[註1]

【註1】彼前5：2

86 「使萬民作我的門徒」

這道理就是歷世歷代所隱藏的奧祕；但如今向他的聖徒顯明了。我們傳揚他，是用諸般的智慧，勸戒各人，教導各人，要把各人在基督裡完完全全地引到上帝面前。西1：26、28

基督即將升天時，把使命託付給祂的門徒，說：「你們往普天下去，傳福音給萬民聽。」當日祂在樓房裡向門徒顯現的時候，曾把這使命託付給他們，但現在要託付給更多的人。凡願意被召來的信徒，都聚集在加利利的山上。為了避免引起猶太當局的猜疑，他們分別從不同的地方來。到了指定的時候，約有五百個信徒，三五成群地聚在山邊，熱切地談論基督的復活。門徒亦從這一小群到那一小群，把他們所看見、所聽見有關耶穌的一切事都告訴了人們，並本著聖經向他們講論。多馬亦詳述自己的見證，說明主如何除掉他的疑惑。忽然耶穌站在他們中間，祂的容貌如同上帝的聖顏。在場有許多未曾見過復活主的人，看見祂手腳上的釘痕，確知祂是基督，就敬拜祂。然而還有一些人懷疑，他們因為不信，就蒙受莫大的損失。

耶穌復活之後，這是唯一向眾信徒顯現的一次。祂說：「天上地下所有的權柄都賜給我了。所以，你們要去，使萬民作我的門徒，奉父、子、聖靈的名給他們施洗。凡我所吩咐你們的，都教訓他們遵守，我就常與你們同在，直到世界的末了。」這段話聲明了基督救贖世人的工作已告完成，如今祂要回到上帝的寶座那裡，接受眾天使、生靈的尊崇，並著手作世人的中保。祂以無限的威權把使命委派給門徒。從此以後，真理之光不再只是照耀猶太人，因為他們自視甚高，不願作世上的光。基督委派門徒去宣揚不分階層、國籍的信仰和崇拜。祂要門徒殷勤地查考聖經，明白祂所建立的是屬靈的國度。

門徒首先要從耶路撒冷開始，完成祂所留下的工作。祂曾穿上人性的外衣，在人間往來；所以門徒的工作必須從這裡開始。他們要在這裡澆灌、栽培主所播下的真理種子，使它生長，結出豐盛的果實。而且恩典的呼召必須先向殺害救主的人發出。由於猶太人的嫉恨，門徒必要和主一樣遭受逼迫。在耶路撒冷還有不少暗中相信耶穌的人，以及許多受了祭司和官長矇騙的人，都要聽到悔改的呼召，明白惟有靠著基督才能得救的道理。

但是他們的工作不僅局限於耶路撒冷，而是要擴展到地上每一個角落，要將信耶穌得永生的福音，先傳給以色列人，再傳給各國、各方、各民。這真理要傳給猶太人，也要傳給外邦人。凡相信的都要被召聚在一個教會裡。藉著聖靈的恩賜，門徒將領受能力，不但能行神蹟，更能奉主名趕鬼、說方言、手能拿蛇、喝毒物不死和醫治各種疾病。雖然他們都是無學識之輩，然而在五旬節聖靈沛降後，便能精通本國和外國的語言。基督就如此將使命交託給門徒們，只要遵從主的旨意，憑著信心和勇氣前進，主必與他們同在，使這工作順利完成。

這使命同樣也委派給當今的每一位信徒。凡相信基督的人都應負起傳福音的責任，為同胞的得救效力。傳道的工作除了上臺講道之外，還包括救濟窮乏的人、幫助患病和受苦的人、安慰灰心和傷心的人，這些都是以關懷領人歸主的好辦法。每個人都可從自己所在之處開始工作，再按照上帝的引領，擴展工作的範圍。無論何時何處，只要忠心殷勤地工作，必能得到果效。上帝往往用最平凡的工人和最簡單的方法，成就最大的工作。聖靈必按著每一個信徒的需要將恩賜賜給各人。有人要得醫治病人的能力，叫人恢復身體和心靈的健康。有人要作教會的教師，教導人去尋找、拯救失喪的迷羊。主要眾人肩負祂的軛，成為祂手中的器皿，同心協力完成福音的使命。上帝要一切領受祂恩典的人，為恩典作見證。藉著這恩典，人可以具有基督化的品格，彰顯基督的聖潔、慈愛和信實。凡把心靈和身體奉獻給上帝的人，必不斷地領受恩賜，完成救靈的工作。雖然有撒但的攔阻，但藉著基督的寶血必然得勝，而歸榮耀給上帝。到末時「耶和華在萬國眼前露出聖臂；地極的人都看見我們上帝的救恩了。」[註1]

【註1】賽52：10

87 「見我的父，也是你們的父。」

凡靠著他進到上帝面前的人，他都能拯救到底；因為他是長遠活著，替他們祈求。 來7：25

基督上升到天父寶座前的時候到了，祂以神聖征服者的姿態，帶著勝利的果實返回天庭。祂復活之後，在地上逗留了一些時候，使門徒得以熟悉祂復活的榮耀身體。如今祂已證實自己是一位活的救主，是勝過墳墓、配得榮耀的主。耶穌揀選橄欖山作為升天的地方，因為這是祂常來休息之處。橄欖山上的樹木和山谷，都因祂的禱告和眼淚成為聖地。站在橄欖山上，還可以清楚的看到耶路撒冷。祂不但要從這裡升天，當祂復臨時，還要站在這山頂上。

這時，主和十一個門徒一同前往橄欖山去。當他們穿過耶路撒冷的城門時，許多人都投以驚奇的眼光，因為在前領路的，正是數週前被釘死的那一位。一路上耶穌與他們談話，重述祂的教訓。祂在世上已經寄居了三十三年，受盡人間的屈辱和背棄之苦。當他們走近客西馬尼園時，彷彿又回到祂受難的那一夜。看到園中的葡萄樹，祂重複地提醒他們要與祂聯合。耶穌上了橄欖山，領他們走過山頂，到達伯大尼附近。就在這裡，祂停下腳

步，門徒都聚集在祂的四圍。只見祂臉面發光，充滿慈愛的望著他們，又伸出手來為他們祝福。然後從他們中間冉冉上升，往天上去。這時驚異的門徒睜大眼睛，向升天的夫子作最後的瞻望。有一朵榮耀的雲彩把祂接去，他們就看不見祂了。當天使駕著雲彩般的車馬迎接祂上升時，又聽見主說：「我就常與你們同在，直到世界的末了。」同時也聽到天使甜美悠揚的讚美聲。

當門徒舉目注視這情景時，忽然有美妙的聲音向他們說話。他們轉過身來，看見兩個似人的天使，向他們說：「加利利人哪，你們為什麼站著望天呢？這離開你們被接升天的耶穌，你們見他怎樣往天上去，他還要怎樣來。」這兩位天使曾在生活中一直與祂同在，而基督復活時，在墳墓守護的亦是這兩位天使，如今由他們護送耶穌回天家去。他們特意講這安慰的話，是為了同情和愛護祂的門徒。這是主給門徒的應許，讓他們得著主復臨的指望。當門徒回到耶路撒冷時，臉上顯出勝利的喜樂和光采，令眾人感到驚奇。他們滿心歡喜的將基督復活和升天的奇妙故事傳揚出去，有許多人領受了這見證。眾門徒對前途不再疑慮，因他們確知耶穌已經在天上，並在上帝的寶座前懇切地為他們代求。到了五旬節，正如主所應許的，祂賜下保惠師——聖靈與他們同在。

耶穌凱旋地進入天家，全天庭都慶祝祂的勝利。祂接受榮耀冠冕和王袍之前，先到天父面前，舉起釘痕的雙手，將那些與祂一同復活升天的人奉獻給上帝，作為初熟的搖祭。這些人代表在主第二次降臨時，從墳墓裡出來的人群。於是上帝批准了基督的工作。此時撒但已被制伏。凡屬基督又為祂受苦的人，必在愛子裡得蒙悅納，並在眾天使和未曾墮落的諸世界面前得稱為義。祂在那裡，祂的教會也必在那裡。全天庭都洋溢歡呼之聲，天軍俯伏在基督的面前，高聲讚美說：「但願頌讚、尊貴、榮耀、權勢都歸給坐寶座的和羔羊，直到永永遠遠！」[註1]

【註1】啟5：13

ON OF
'S WRITINGS

永恆的盼望（精選自《歷代願望》／定價：NT$260）

耶穌，創造天地之上帝的獨生子，祂願意付上一切代價，換回你我的生命。即使必須放棄天家的榮耀和神性的威權，承受人類的罪孽疾苦，祂也在所不惜。

本書敘述的即是上帝如何主動尋找失喪的人。藉著耶穌基督在馬槽的誕生、人世間的生活、十字架的犧牲和得勝的復活，使我們擁有永生的盼望。

善惡的對決（精選自《善惡之爭》／定價：NT$250）

撒但為了破壞上帝的計畫，破壞人和上帝的和諧關係，所以竭盡所能地誘使人類墮落。但上帝愛我們，祂渴想幫助我們，讓我們不受撒但的誘惑。從新約聖經啟示錄時代，到馬丁路德的宗教改革、宗教戰爭，及至現代的宗教衝突，都一一提及人心「善」與「惡」之間的爭戰。作者著述此書，顧名思義要將基督和撒但之間的爭戰過程，從發動、演變及最後結局，作委婉詳盡的陳述，給世人警惕與勸誡。

埋藏的財寶（精選自《天路》／定價：NT$200）

作者對於耶穌基督在世講道時所引用之比喻加以闡述。耶穌在講解天國道理的時候，常常引用自然界的事物，或是常人在生活中的經驗，以深入淺出的方法教訓人。一方面叫博學之士恍然大悟，另一方面，也讓目不識丁的農夫漁夫能夠領會救恩的奧祕。

國家圖書館出版品預行編目資料

永恆的盼望 / 懷愛倫(Ellen G. White)作 ;
-- 初版. -- 臺北市 : 時兆, 2009.01
面； 公分. -- (勵志叢書 : 7)
譯自 : The Desire of Ages (Abridged Version)

ISBN 978-986-84921-1-0(平裝)

1. 耶穌(Jesus Christ) 2. 傳記 3. 基督

242.28 97023698

勵志叢書07

永恆的盼望

THE DESIRE OF AGES Abridged Version

作者 懷愛倫（Ellen G. White）
特約編輯 李秀華

董事長 胡子輝
發行人 周英弼
出版者 時兆出版社
客服專線 0800-777-798
電話 886-2-27726420
傳真 886-2-27401448
地址 台灣台北市105松山區八德路2段410巷5弄1號2樓
網址 http://www.stpa.org/
電子信箱 stpa@ms22.hinet.net
文字編輯 徐雲惠、陳美如
文字校對 江麗華
美術編輯 時兆設計中心邵信成、林俊良、李宛青、馮聖學

法律顧問 統領法律事務所
電話 886-2-23212161

台灣總經銷 東芝文化事業有限公司
電話 886-2-82421523
地址 台灣台北縣235中和市中山路2段315巷2號4樓

ISBN 978-986-84921-1-0
定價 新台幣NT$260元
出版日期 2009年1月 初版1刷